AF370874

CHAQUE PIÈCE, 20 CENTIMES.
63 ET 64 LIVRAISONS.

THÉATRE CONTEMPORAIN ILLUSTRÉ

MICHEL LÉVY, FRÈRES, ÉDITEURS,
RUE VIVIENNE, 2 BIS.

LA BERGÈRE DES ALPES

DRAME EN CINQ ACTES

PAR

MM. CH. DESNOYER ET AD. D'ENNERY

REPRÉSENTÉ, POUR LA PREMIÈRE FOIS, A PARIS SUR LE THÉATRE DE LA GAITÉ, LE 31 OCTOBRE 1852.

DISTRIBUTION DE LA PIÈCE.

LE CAPITAINE DUCLOS...................... MM. Lacressonnière.	TROISIÈME LAQUAIS......................... MM. Marautot.
JEAN MAURICE, vieux soldat..................... Deshayes.	LE GUIDE................................... Dubois.
FERNAND, petit-fils de la Duchesse et cousin de	LA DUCHESSE DE CHATEAU-GONTIER........ Mmes Lamequin.
Léonide.......................... Aubrée.	LÉONIDE, sa petite-fille .... Laurentine.
UN VIEILLARD de Saint-Didier.................. Eug. Pepin.	HORTENSIA, femme de charge.................. Léontine.
MARTIN, aubergiste........................... Alexandre.	PAUVRETTE, chevrière......................... Arnault.
FRANÇOIS, laquais............................ Aubry.	THÉRÈSE, femme de Martin...................... Jeault.
JÉROME, id............................ Maline.	Paysans, Paysannes, une femme de chambre.

ACTE I.

Une vue des Alpes. — Village situé à mi-côte. — Au fond, à droite, un sentier qui monte et se perd dans la montagne. — Au fond, à gauche, un sentier qui descend. — Au premier plan, à gauche, une auberge. — Au dernier plan, les glaciers vus de loin. — Un banc au premier plan, à droite. — Au premier plan à gauche, une chaise.

SCÈNE I.

MARTIN, THÉRÈSE, PAYSANS. PAYSANNES. (*Au lever du rideau, on entend claquer le fouet d'un postillon. L'hôtelier et la femme sortent de l'auberge. Plusieurs paysans arrivent de l'autre côté.*)

MARTIN, *regardant vers la droite.*

C'est une chaise de poste qui arrive d'Italie.

THÉRÈSE.

La voiture est grande. (*Comptant.*) Deux, trois, quatre, cinq voyageurs! Ils vont sans doute laisser leur voiture à la poste, en bas de la côte, et monter déjeuner ici.

MARTIN, *allant vers l'auberge.*

Pierre! Jacques!... aux fourneaux!

THÉRÈSE.

En voilà deux qui viennent en avant.

MARTIN.

Oui, ma foi, une dame et un militaire.

THÉRÈSE.

Avec deux domestiques qui les suivent.

SCÈNE II.

LES MÊMES, DUCLOS, HORTENSIA, Deux Domestiques, *chargés de sacs de nuit et de cartons.* (*Duclos entre le premier en scène. Il a sous le bras un portemanteau, et un carton à la main. Il est vêtu en capitaine de cavalerie, petite tenue, sans épaulettes.*)

DUCLOS, *venant de droite.*

Ah! enfin, voici une halte au milieu de la montagne. Allons donc, madame, un peu de courage!

HORTENSIA, *entrant en scène avec les deux domestiques*
Ouf! m'y voilà! j'y suis!

MARTIN, *allant à elle avec sa femme et les paysans.*
Madame! (*Il se découvre; les paysans l'imitent. Thérèse fait de grandes révérences.*)

HORTENSIA.
Oh! mes petits enfants, halte-là! pas de manières! gardez **vos** coups de bonnet, vous m'les porteriez sur la carte...

MARTIN.
Oh! madame! (*Il la salue.*)

HORTENSIA, *lui remettant son bonnet sur la tête.*
Mais, mettez-moi donc ça là-dessus, vieil entêté que **vous** êtes!...

DUCLOS.
Surtout débarrassez-moi de ces paquets.

THÉRÈSE.
Voilà, monsieur. (*Elle les lui prend.*)

DUCLOS.
Montrez le chemin aux domestiques.

THÉRÈSE.
Venez par ici. (*Elle va pour entrer à l'auberge avec les domestiques, et elle s'arrête.*) Ah! combien faut-il de chambres!

HORTENSIA.
Ça ferait cinq que nous en voudrissions.

DUCLOS.
Oh!

HORTENSIA, *s'apercevant qu'elle a mal dit.*
Hein?

THÉRÈSE.
Cinq... Bien, madame. (*Elle entre dans l'auberge avec les domestiques.*)

DUCLOS, *bas.*
On ne dit pas drissions.

HORTENSIA, *bas.*
Eh bien: drassions... c'est bon.

DUCLOS, *bas.*
Mais du tout, ce n'est pas bon; pas plus drassions que drissions.

HORTENSIA, *bas.*
Nous viderons ça plus tard. (*Haut.*) A présent, mon bon homme, qu'est-ce que vous allez nous fricoter?

MARTIN.
Mais nous avons des œufs frais, des côtelettes, un quartier d'isard ou de chevreuil.

HORTENSIA.
Quel âge qu'ils ont, vos œufs frais?

MARTIN.
Quel âge?

HORTENSIA.
Pour plus de sûreté, vous les mettrez en omelette.

MARTIN.
Nous disons donc: d'abord une omelette.

HORTENSIA.
Oui, une omelette pour quatre, et une à part aux petits oignons pour moi.

MARTIN.
Et après ça?

HORTENSIA.
Des côtelettes pour quatre, et une part aux petits oignons pour moi.

DUCLOS.
Et quant aux domestiques, qu'on les traite bien...: c'est l'ordre de madame la duchesse.

MARTIN.
Madame la duchesse,.. Ah! sans doute cette vieille dame qui est encore là-bas à la porte, avec ce jeune homme et cette petite demoiselle.

DUCLOS.
Juste... Allez, mon brave homme. (*Martin entre à l'auberge, et tous les paysans et paysannes sortent par la gauche. Deuxième plan.*)

SCENE III.
DUCLOS, HORTENSIA.

DUCLOS.
Ah! je ne serais pas fâché de me reposer un peu. (*Il va pour s'asseoir.*)

HORTENSIA, *l'en empêchant.*
Monsieur Duclos!

DUCLOS.
Madame la baronne?

HORTENSIA.
Ça ne se dit donc pas?

DUCLOS.
Quoi?

HORTENSIA.
Le... vou... drissions.

DUCLOS.
Ça se dit rarement.

HORTENSIA.
Et le... vou... drassions?

DUCLOS.
Ça ne se dit jamais.

HORTENSIA.
Tenez, capitaine Duclos, je suis furieuse contre moi.

DUCLOS.
Vraiment?

HORTENSIA.
Dire que moi, madame Michonnet, veuve d'un riche fournisseur et aujourd'hui investie de toute la confiance de madame la duchesse, je ne peux pas dire quatre mots sans écorcher la langue.

DUCLOS.
C'est vrai!

HORTENSIA.
Mais non, c'est comme un sort. Quoi! quand nous entrâmes dans la maison...

DUCLOS.
Trâmes...

HORTENSIA.
Vous dites?...

DUCLOS.
Quand nous entrâmes.

HORTENSIA.
Trâmes... trâmes... vous voyez, je m'embrouille toujours... enfin, quand nous... entrâmes. (*A elle-même comme pour se le rappeler.*) trâmes, trâmes, trâmes... quand nous entrâmes donc dans l'illustre maison des Château-Gontier, je me suis dit: Hortensia, ma petite belle, il faut te façonner au genre de ces vieilles noblesses-là. Y a des choses pour lesquelles ça m'a *supérieusement* réussi.

DUCLOS.
Supérieurement.

HORTENSIA.
Supérieurement réussi, oui, ça va! (*Se dandinant.*) J'ai très-bien pris leur ton, leur air, leur tournure distinguée; j'ai l'air très comme il faut; mais n'y a que la langue, Duclos... oh! la langue... je n'ai jamais pu me la camper dans la bouche.

DUCLOS.
Allons, allons, un peu de patience... ça viendra peut-être un jour.

HORTENSIA.
Non, vrai, j'en désespère; et sans vous, qui avez été l'aide de camp du général, et qué je considère comme si vous étiez le mien...

DUCLOS, *bas.*
Merci!

HORTENSIA.
Sans vous qui êtes là pour m'arrêter, je ne sais pas jusqu'où ça me mènerait. Aussi, à l'avenir, je voudrais que vous restissiez (*tendrement*) toujours auprès de moi.

DUCLOS.
Tassiez...

HORTENSIA, *tendrement.*
Tassiez... afin que je vous interrogisse avant de dire une bêtise.

DUCLOS.
Rogeasse.

HORTENSIA.

Encore !... afin que je vous interrogeasse... Oh ! oui, je voudrais trouver un moyen de ne jamais vous quitter. (*Baissant les yeux.*) Il doit y en avoir un, capitaine, il doit y en avoir un.

DUCLOS.

Connais pas. (*Il lui tourne le dos, va vers le fond et regarde à droite.*) Ah ! voilà madame la duchesse, avec monsieur Fernand et mademoiselle Léonide.

SCÈNE IV.

Les Mêmes, LA DUCHESSE, FERNAND, LEONIDE. (*La Duchesse entre, donnant la main à Fernand. Léonide est auprès d'elle.*)

LA DUCHESSE, *qu'on a fait asseoir à droite.*

Ah ! voici le capitaine et cette excellente Hortensia qui se sont occupés de nous.

DUCLOS.

Madame la duchesse...

LA DUCHESSE.

Je gage que tout est déjà préparé ici pour nous recevoir.

HORTENSIA.

Pas encore, madame la duchesse ; mais ça va... (*Elle regarde Duclos.*) Ça va... ça (*Bas à Duclos.*) Dit-on : Ça va-t-être, ou ça va-z-être ?

DUCLOS, *haut.*

On ne dit ni l'un ni l'autre.

HORTENSIA.

Ah ! c'est un peu fort !

FERNAND.

Qu'est-ce donc ?

LÉONIDE.

Qu'y a-t-il ?

LA DUCHESSE.

N'avez-vous pas entendu que je ne veux pas de querelle ?

DUCLOS.

Madame la duchesse, c'est madame qui...

HORTENSIA.

C'est monsieur le capitaine que...

LA DUCHESSE.

Qui... que. (*Souriant.*) Expliquez-vous donc !

HORTENSIA, *avec volubilité.*

Eh bien, m'ame la duchesse, c'est que je suis-t-honteuse de ne pas prononcer une parole sans vous lâcher un pata qu'est-ce.

DUCLOS.

Oui !

LA DUCHESSE, *se levant.*

Croyez-moi, ma bonne Hortensia, parlez-moi tout bonnement... comme vous viendront les mots... Si notre langage diffère un peu, nos deux cœurs se comprennent... Laissez parler le vôtre... il s'exprime toujours bien, lui... (*Elle lui serre la main.*)

DUCLOS, *à part.*

Brave dame !

HORTENSIA.

Duchesse !... (*Avec émotion.*) Oh ! tenez, je me mettrais-t-au feu.. z'au feu ! enfin je m'y mettrais pour vous ! (*Avec héroïsme.*) Je va-t-aux fourneaux ! Je ferai vot' chocolat moi-même. (*Elle sort à gauche et entre dans l'auberge.*)

SCENE V.

Les Mêmes, moins HORTENSIA. (*Léonide et Fernand sont debout près de la Duchesse.*)

LA DUCHESSE.

Mes enfants, nous voilà tout près de la frontière. Avant de rentrer en France, je suis bien aise de causer un instant avec vous. (*Duclos se dirige vers l'auberge.*) Restez, restez, Capitaine ; vous avez été l'aide de camp de mon gendre, vous êtes notre meilleur ami... je n'ai pas de secrets pour vous.

DUCLOS.

Merci, madame la duchesse ! Vous savez, je ne suis pas expansif, moi ; mais, pour ce qui est de mon dévouement, de mon affection, (*regardant Léonide*) de mon...

LÉONIDE.

Eh bien ?

DUCLOS.

Enfin, je vous aime bien, madame la duchesse.

LÉONIDE.

Et moi ?... monsieur le capitaine.

DUCLOS, *avec émotion.*

Vous !

LÉONIDE, *gracieusement.*

Allons... allons donc !

DUCLOS, *plus ému encore.*

Vous... moi, je... je me ferais tuer pour vous, voilà tout ce que je peux vous dire.

FERNAND.

Et moi, capitaine, j'espère que j'ai bien un peu aussi part à votre affection.

DUCLOS.

Vous êtes le fils de mon général... Est-ce que je ne dois pas vous aimer... ne fût-ce que pour cette raison !

LÉONIDE.

Et aussi parce qu'il sera mon mari, n'est-ce pas ?

DUCLOS, *avec effort.*

Et aussi... pour cela... mademoiselle. (*Vivement.*) Mais madame la duchesse voulait.....

LA DUCHESSE.

Je voulais vous dire, mes enfants, le motif qui m'a décidée à vous emmener en Italie ; à faire avec vous ce long voyage de huit cents lieues !.. A mon âge, on ne rêve plus ni les chefs-d'œuvre de l'art, ni les merveilles de la nature... on préfère le coin du feu à ce beau soleil qu'on va chercher à Naples, nos tapis moelleux aux gazons toujours verts du Pausilippe ou de Sorente, et... quant aux antiquités de Rome.. regardez-moi, mes enfants, je crois que je suis presque aussi vieille qu'elles.

LÉONIDE.

Oh ! bonne maman !

LA DUCHESSE.

En tout cas, elles dureront à coup sûr plus que moi... il a donc fallu un puissant motif pour me décider... et ce motif, c'est votre bonheur !... c'est votre mariage.

FERNAND.

Comment... c'est pour cela...

LÉONIDE.

C'est pour cela, bonne maman !

LA DUCHESSE, *se levant.*

Ecoute-moi, Fernand : lorsque la révolution éclata, mon mari, le duc de Château-Gontier, refusa d'émigrer. Il paya de sa vie son courageux dévouement à la patrie. Lui mort, j'avais juré de garder intacts le nom et l'honneur de mes ancêtres dont je devenais seule dépositaire... L'empire vint apporter un terme... une trêve du moins aux révolutions... Plusieurs des nôtres et des plus illustres, se rallièrent, comme on disait alors... moi, je voulus rester inébranlable... ma fille, votre mère, Fernand, s'étant éprise d'un soldat parvenu, d'un noble de fabrique nouvelle.

FERNAND.

De mon père !... madame la duchesse.

LA DUCHESSE, *se calmant.*

De ton père, mon enfant, du général comte d'Ermilly, aussi bon, aussi brave... (*souriant*) qu'il était peu lettré... et que j'ai fini par aimer autant que j'adorais ma fille.

LÉONIDE.

Tu vois bien que tu pardonnes et que tu cèdes toujours.

LA DUCHESSE.

Toujours !.. non pas ! non pas. Léonide !... il est des choses sur lesquelles je sais me montrer inflexible et ne céder jamais... Si cette mésalliance s'est accomplie, ce n'est pas que le fol amour de ma fille m'ait convertie, au moins !.. il a fallu une lutte, lutte terrible que j'ai soutenue contre un homme.

DUCLOS.

Contre un homme qui ne cédait guère non plus, madame la duchesse, à qui les plus forts ne résistaient pas... et s'il est vaincu aujourd'hui, ce n'est pas par les autres hommes, c'est par le ciel.

LA DUCHESSE.

Les rois courbaient la tête devant lui... je fus bien forcée de m'incliner aussi... mais ce que je n'ai pu empêcher alors, je le réparerai bientôt. Ma fille s'était mésalliée, mais mon fils, ton noble père, Léonide, était demeuré le pur et fidèle héritier de notre race, et maintenant que vous êtes orphelins l'un et l'autre, j'unirai en une seule ces deux branches de notre antique famille ; vous redeviendrez duc et duchesse de Château-Gontier... car ce nom vous le porterez, mon fils... et si je vous ai emmené

loin de Paris, loin de la France, c'est que ma tendresse crai-
gnait pour toi ces idées de libéralisme qui font partie de
l'héritage du comte d'Ermilly. Oh! j'ai surpris plus d'une fois
d'amères railleries contre le retour de l'ancien régime.

FERNAND.

Oui, j'ai ri de leurs ridicules... j'ai blâmé surtout cette indif-
férence cruelle qui condamne à l'oubli, à la misère les vieux
soldats de la République et de l'Empire!... qui n'accorde pas
même un asile et un peu de pain à ces pauvres débris de notre
grande armée qui reviennent encore chaque jour du fond de la
Russie... mutilés, brisés de fatigue, de souffrance et qui ne
trouvent sur le sol de leur patrie, ni une main amie pour ser-
rer la leur, ni un abri pour y mourir en paix .... (*Avec colère.*)
Oh! tenez, ces horribles souvenirs!...

LA DUCHESSE.

Fernand!..

FERNAND.

Madame! ce sont mes frères d'armes à moi! Je suis soldat de
Napoléon! Il m'avait fait capitaine sur le champ de bataille...
Aimez vos rois, ma mère; mais laissez-moi pleurer l'empereur!

DUCLOS, *allant à lui, et lui serrant la main.*

C'est bien ça! (*Il essuie une larme.*) C'est bien! c'est très-
bien! (*Il s'éloigne.*)

LÉONIDE.

Allons! est-ce que nous aurons des querelles politiques
jusque dans le sein de notre famille! Fi!... c'est très mal à
vous, grand'mère, et à vous, Fernand; vous ne devez vous dis-
puter que pour savoir lequel de vous m'aime le mieux.

SCÈNE VI.

LES MÊMES, HORTENSIA.

HORTENSIA, *sortant de l'auberge, d'une voix forte.*

Le déjeuner z'est prêt!

DUCLOS, *bas à Hortensia.*

Allons! bien..! le déjeuner est prêt, tout bonnement.

HORTENSIA.

Je comprends, l'h est aspirée.

LA DUCHESSE, *à tout le monde.*

Venez!... (*Prenant le bras d'Hortensia.*) Venez, ma bonne
Hortensia (*Elles entrent à l'hôtel.*)

LÉONIDE, *arrêtant Fernand.*

Mon cousin!

FERNAND.

Ma cousine!

LÉONIDE.

Si vous chagrinez encore bonne maman, je ne vous épouse
pas.

FERNAND, *avec calme.*

En vérité?

LÉONIDE.

Soyez bien sage, bien soumis, et... (*Lui tendant la main.*)
voilà votre récompense.

FERNAND, *calme.*

Je tâcherai de la mériter.

LÉONIDE.

J'espère que vous êtes heureux de m'éprouver.

FERNAND, *calme.*

Très-heureux, ma cousine.

DUCLOS, *à part, en le regardant et en secouant la tête.*

Très-heureux! Comme il parle froidement de son bonheur!
(*Il rentre dans l'hôtel.*)

LÉONIDE, *à Fernand.*

Allez retrouver bonne maman, faites bien, bien complétement
votre paix avec elle... moi je vais lui cueillir une touffe de ces
jolies fleurs de bruyères qu'elle aime tant... Au revoir, Fernand!

FERNAND.

Au revoir, ma cousine! (*Il entre dans l'auberge.*)

LÉONIDE, *le suivant des yeux.*

Mon mari! (*Changeant de ton.*) Ah! ça m'est bien égal leur
politique! Je serai toujours de l'opinion de mon mari. Je crierai
tout ce que Fernand voudra! (*Elle s'éloigne vers le fond, commence à gravir la montagne et disparaît.*)

SCÈNE VII.

MARTIN, THÉRÈSE, *sortant de l'auberge en même temps que
plusieurs paysans viennent en scène.*

MARTIN.

Eh bien!.. et la jeune demoiselle?

THÉRÈSE.

Je ne la vois pas.

MARTIN.

Vous ne l'avez pas vue, vous autres?

UN PAYSAN.

Qui ça?

MARTIN.

Une petite...

THÉRÈSE, *qui est allée au fond.*

Mais c'est elle! la voilà qui cueille des bruyères auprès du
Saut-du-loup.

MARTIN.

Diable! qu'elle n'aille pas s'approcher du bord!... Hier, encore, la terre s'est ébranlée, et j'ai failli rouler jusqu'au fond de
l'abîme.

THÉRÈSE.

Il faut l'appeler bien vite! Eh! mademoiselle... revenez! re-
nez!...

TOUS LES PAYSANS.

Revenez! revenez!

MARTIN, *gravissant la montagne.*

Bah! elle nous rit au nez... et... mais elle s'en approche encore! Revenez, revenez!

TOUS LES PAYSANS.

Revenez! revenez!

TOUS.

Arrêtez! arrêtez!

THÉRÈSE.

Mais voyez donc... Non, non, arrêtez!

MARTIN, *poussant un cri.*

Ah! (*Mouvement général.*)

DUCLOS, *paraissant à la porte de l'auberge.*

Qu'y a-t-il? Léonide, où est-elle?

MARTIN, *sans l'écouter et avec force.*

Rassurez-vous! On vient à son secours; on l'entraîne loin de
l'abîme...

DUCLOS.

Un abîme! Léonide! Léonide! (*Il court vers le fond de gauche.
Pauvrette et Léonide paraissent sur la montagne. Duclos va
prendre le bras de Léonide.*)

LÉONIDE.

Me voici!

SCÈNE VIII.

LES MÊMES, LÉONIDE *et* PAUVRETTE, *qui la soutiennent.*

DUCLOS.

Sauvée!... Et vous n'êtes pas blessée, n'est-ce pas?

LÉONIDE.

Non! mais si je vis encore, c'est bien grâce à cette jeune fille!

PAUVRETTE.

C'est vrai que le bon Dieu m'a amenée à temps!

LÉONIDE.

Sans elle, mon pauvre Duclos, vous ne m'auriez plus revue!...
J'allais me briser au fond du torrent!

DUCLOS, *à Léonide.*

Vous! (*Il a fait un mouvement vers elle et s'arrête, puis se retourne du côté de Pauvrette.*) Et c'est elle... Vous êtes une brave
fille, vous! Tenez! (*Avec émotion.*) Ce que vous avez fait là!...
Tenez! je vous aime, vous!... (*Il l'embrasse en regardant Léonide
et en pleurant.*) Mourir... elle... Elle!... (*Il embrasse encore
Pauvrette en regardant Léonide.*)

PAUVRETTE, *étonnée et cherchant à se dégager*

Mais, qu'est-ce qu'il a donc? (*Elle vient s'asseoir sur le banc
de droite et mange.*)

LÉONIDE, *souriant.*

Ah!... je n'ai pas lâché le bouquet de bruyères que je cueillais
pour bonne maman; monsieur Duclos, portez-le-lui de ma part!
Je ne veux pas qu'elle me voie émue, comme je le suis; dites-
lui que je n'ai pas faim, que je prends l'air... qu'elle ne soupçonne pas le danger que j'ai couru; elle en mourrait! Allez, mon
ami!...

DUCLOS, *prenant le bouquet.*

J'y vais, mademoiselle. (*A part.*) Dire que pour aller cueillir
ça, elle a failli mourir! (*Il casse sans être vu une branche du bouquet et la serre dans sa redingote.*)

LÉONIDE.

Eh bien!

DUCLOS.

J'y vais! j'y vais! (*Il sort à gauche.*)

LÉONIDE.

Et vous, mes amis, que personne ne dise mot de mon imprudence !

MARTIN.

Oh ! personne, mademoiselle.

TOUS.

Personne ! personne !

LÉONIDE, *leur distribuant de l'argent.*

Tenez, prenez ceci pour votre discrétion ! (*Allant à Pauvrette.*) Ah ! mon Dieu ! je leur ai tout donné, et je n'ai plus rien pour toi !

PAUVRETTE.

De l'argent ? et qu'est-ce que j'en ferais ?

LÉONIDE.

Comment ?

PAUVRETTE.

De l'argent ! je suis sans père ni mère, je n'ai personne à qui le donner !

LÉONIDE.

Mais pour toi !...

PAUVRETTE.

Pour moi ?... Je n'ai que faire de ça là-haut.

LÉONIDE.

Que signifie ?... là-haut.

PAUVRETTE.

Dame !... faut bien !... Il y a Petit-Jean qui m'apporte une fois la semaine le pain et le fromage, tant que dure la belle saison ; mais quand vient l'hivernage, faut manger le pain durci, on s'enferme pour trois mois avec les bêtes !

LÉONIDE.

Est-ce vrai ce qu'elle dit là ?

THÉRÈSE.

Oui, mademoiselle !

MARTIN.

Il y a des pâturages que les bestiaux mangent encore, quand déjà plus bas, les chemins sont devenus impraticables, en sorte qu'ils ne peuvent plus redescendre, et lorsque la neige vient, le berger ou la bergère s'enferme pour l'hiver, après qu'on lui a apporté là-haut ses provisions de trois mois.

PAUVRETTE.

Et si je suis descendue ce matin, c'est que j'ai vu les nuages noirs au couchant, c'est que le vent pleurait dans la montagne... c'est que l'echo gémissait bien loin et roulait comme au son de l'avalanche !... ça dit que l'hivernage va commencer plus tôt que de coutume, faut qu'on porte sans tarder là haut du fourrage pour les bêtes, et notre pain de l'hiver à mon chien et à moi.

MARTIN.

Vous entendez, vous autres... allons prévenir la commune et chercher monsieur le pasteur ; vous savez qu'il veut être là, afin de prier pour l'enfant qui va passer trois mois sous les neiges.

LÉONIDE.

Sous les neiges !

PAUVRETTE.

Ah ! dame ! oui ! La neige tombe d'abord peu à peu, elle emplit les ravins et les précipices, elle efface les routes et les sentiers... Ce n'est plus qu'une grande plaine blanche, où l'on risque à chaque pas de rencontrer un abîme ; après, la neige tombe encore, et elle monte, monte toujours jusqu'à fermer comme un mur la porte de la cabane. Après vient l'avalanche !... Oh ! alors tout est bientôt recouvert !... l'étable et la masure ! On entend les grands blocs de neige durcis comme des rochers, qui roulent ainsi que le tonnerre, qui se brisent en se heurtant et qui font glisser toute une montagne de neige sur notre pauvre toit qui tremble. C'est comme un grand linceul blanc qui vous recouvre et qui a plus de cent pieds de haut, à ce qu'ils disent ; on est quasi-mort pour trois mois, sans que personne puisse trouver où vous êtes ! il n'y a que l'œil du bon Dieu qui vous voit.

LÉONIDE.

Oh ! c'est une vue horrible ! mais c'est impossible ! De l'air ! il faut de l'air pour exister !

PAUVRETTE.

L'air passe avec la source qui descend de la montagne et traverse l'étable. Ah ! dame ! faudrait pas qu'elle tarisse ! sans cela les bêtes et moi, tout serait mort au printemps.

MARTIN.

Allons, venez, vous autres ! Attends-nous là, Pauvrette !

LÉONIDE, *répétant avec surprise.*

Pauvrette ! (*Martin et les paysans sortent par la droite, Thérèse donne à boire à Pauvrette, puis elle rentre dans l'auberge.*)

SCÈNE IX.

LÉONIDE, PAUVRETTE.

LÉONIDE.

Pauvrette !... c'est ton nom ?

PAUVRETTE.

Oui !

LÉONIDE.

Pauvrette !... tu m'as sauvé la vie. Je ne veux pas que tu continues cette existence misérable. Je veux t'emmener avec moi !

PAUVRETTE.

Oh ! non, je me suis louée aux métayers pour toute l'année. J'ai mangé leur pain tendre de l'été ! Il faut manger le pain dur de l'hiver.

LÉONIDE.

Ainsi, tu vis abandonnée, seule au monde ?

PAUVRETTE.

C'est vrai... seule... Pendant la belle saison du moins on peut quelquefois venir me voir... et puis, il passe des voyageurs... et puis j'ai l'écho de la montagne qui me tient compagnie.

LÉONIDE.

L'écho !

PAUVRETTE.

Mais après l'avalanche, je ne pourrai plus l'entendre ! j'aurai beau l'appeler, il ne répondra plus... il ne me restera... Oh ! ingrate... (*Avec beaucoup de joie.*) Il me restera Miro !

LÉONIDE.

Miro !

PAUVRETTE.

Mon chien : Miro qui m'aime et qui cause avec moi !

LÉONIDE, *riant.*

Qui t'aime !... je le veux bien, mais qui cause avec toi ! par exemple !

PAUVRETTE.

Et pourquoi donc pas ?... à grand force de l'entendre et de n'entendre que lui, j'ai bien fini par voir s'il jappait avec joie, s'il aboyait avec colère ou s'il hurlait avec douleur. J'ai bien fini par voir s'il me disait : j'ai faim, ou bien aussi : je t'aime ! Vous autres n'avez-vous pas des chiens qui comprennent ce que vous leur dites ?

LÉONIDE.

Sans doute !

PAUVRETTE.

Eh bien, pour que mon chien me comprenne et que je ne le comprenne pas, faudrait donc qu'il ait plus d'esprit que moi.

LÉONIDE.

C'est peut-être vrai ce que tu dis là ! mais n'importe ! tu as tort de ne pas venir avec nous !

PAUVRETTE, *vivement.*

Ça ne se peut pas ! ça ne se peut pas. (*A part.*) Et puis j'ai toujours mon espérance en ne m'éloignant pas du village.

LÉONIDE.

Ah ! tu hésites... Viens, viens, te dis-je.

PAUVRETTE.

Non, non, je suis accoutumée de vivre là-haut !

LÉONIDE.

Enfin, si un jour tu te trouvais malheureuse... (*Écrivant sur son calepin.*) Tiens, voici mon nom et ma demeure !... Tu m'écrirais !

PAUVRETTE.

Moi !

LÉONIDE.

Ah ! c'est vrai, tu ne sais pas. Eh bien ! tu ferais écrire... ou plutôt, si le malheur s'appesantit sur toi, viens à moi... Pauvrette, n'oublie pas que tu as une amie, une sœur... (*Elle lui donne le papier.*)

PAUVRETTE, *le prenant.*

Elle m'a appelé sa sœur, c'est gentil, ce nom-là, c'est la première fois. Enfin, je garderai ce petit papier-là, mademoiselle ; mais que le bon Dieu me préserve de quitter la montagne...

SCÈNE X.

Les Mêmes, UN VIEILLARD, MARTIN, THÉRÈSE *et les paysans portant les provisions de Pauvrette pour l'hiver; ils se rangent tous au fond, portant de gros pains noirs, des fourrages, etc.*

LE VIEILLARD.

Pauvrette, voilà ceux du village qui vont te conduire à l'étable; partons, mon enfant.

LÉONIDE, à *Pauvrette.*

Déjà !

PAUVRETTE.

Adieu, mademoiselle.

LÉONIDE.

Adieu, toi qui m'as sauvée. (*Elle l'embrasse.*) Oh ! j'ai peur, j'ai peur pour toi de ces trois mois passés sous la neige. Si elle allait être malade une fois enfermée là !

LE VIEILLARD.

Dieu y pourvoira, mademoiselle ! (*Une partie des paysans gravissent la montagne.*)

PAUVRETTE.

Et puis, quand je mourrais, moi ! Qu'est-ce que ça ferait?... ma mère est morte.

LE VIEILLARD, à *Pauvrette.*

Allons, allons, partons. (*Elle va pour partir.*)

LÉONIDE, *l'arrêtant.*

Attends... (*Otant une bague qu'elle lui met au doigt.*) Cette bague... cette bague que je rapporte de Rome, a été bénie par le Saint-Père... Porte-la en souvenir de moi!... Adieu, Pauvrette !

PAUVRETTE.

Adieu.... je ne sais pas votre nom... (*Montrant le papier.*) Je ne sais pas lire !

LÉONIDE.

Je m'appelle Léonide !

PAUVRETTE.

Adieu, Léonide !

LÉONIDE, à *Pauvrette.*

Adieu ! (*Pauvrette s'éloigne lentement appuyée sur le bras du vieillard, Léonide la rappelle et elle court vers Léonide qui l'embrasse. Le vieillard a gardé le bâton ferré et l'attend.*)

PAUVRETTE, *s'arrachant de ses bras.*

Tenez, je suis comme fâchée de vous avoir connue. Je vas me trouver plus seule qu'autrefois, là-haut. (*Elle l'embrasse à son tour et s'écrie avec effort:*) Allons, allons, partons! (*Pauvrette, le vieillard et tous les autres s'éloignent. Martin et sa femme restent seuls avec Léonide qui envoie des adieux à Pauvrette. Pauvrette disparaît sur la montagne et Léonide rentre dans l'auberge.*)

SCÈNE XI.

MARTIN, THÉRÈSE, *puis* MAURICE.

THÉRÈSE.

C'est drôle, j'ai vu souvent la bergère remonter là-haut pour la saison d'hiver et jamais ça ne m'a émue comme aujourd'hui.

MARTIN.

Le fait est que moi-même je me sens tout... enfin... j'ai une larme dans l'œil.

THÉRÈSE.

Pourvu qu'il n'aille pas lui arriver malheur, à cette petite !

MARTIN.

Bah! comme dit monsieur le pasteur, il y a là-haut un père pour les orphelins. (*Sur ces derniers mots, Maurice paraît à droite, premier plan. Il porte le costume des grenadiers de l'empire : sa longue redingote est en lambeaux; son pantalon est attaché avec des cordes à un reste de chaussures; son tricorne est entièrement usé. Il n'avance qu'en chancelant et s'appuie avec peine sur un bâton.*)

MAURICE, *regardant autour de lui et parlant avec effort.*

Mon pays, mon village !... Oh ! c'est ici, c'est ici !...

MARTIN, *sortant de l'auberge.*

Quelqu'un !

THÉRÈSE.

Un pauvre homme, un soldat ! Oh ! comme il a l'air malheureux !

MAURICE, *chancelant.*

Amis... mes amis.

MARTIN.

Dieu ! il va tomber. (*Il court le recevoir dans ses bras et le fait asseoir à gauche près de son auberge.*)

THÉRÈSE.

C'est la fatigue qui l'accable !

MAURICE.

Oui, la fatigue... et... et la faim.

THÉRÈSE *et* MARTIN.

La faim. (*Maurice baisse la tête.*)

THÉRÈSE.

Attendez, attendez, brave homme !... (*Elle entre dans l'auberge.*)

MARTIN.

Courage! nous aurons soin de vous. Allons, Thérèse !

THÉRÈSE, *apportant du pain et un verre de vin. Deux garçons apportent une table servie.*

Tenez, tenez, prenez ça... c'est de bon cœur que nous vous l'offrons.

MAURICE, *après avoir bu.*

Ici, je puis accepter sans rougir, car je suis des vôtres, moi ! (*Il mange.*)

MARTIN.

Vous !

MAURICE.

Je suis un enfant du pays !

THÉRÈSE.

Vraiment !

MAURICE.

Oui, oui. Tenez, voilà l'auberge de François Thomas !

MARTIN.

C'est la mienne, à présent.

MAURICE, *montrant de l'autre côté.*

Là-bas, la maison d'Antoine... (*Avec émotion.*) Un peu plus loin, celle d'une pauvre femme dont le mari est parti depuis seize ans. (*Cherchant des yeux.*) C'est une humble chaumière qui... (*Regardant encore.*)

MARTIN.

C'est de la cabane de Catherine Maurice que vous voulez parler ?

MARTIN, *tremblant.*

Oui.

THÉRÈSE.

La cabane est tombée en ruines depuis plus de dix ans qu'elle est abandonnée.

MAURICE, *tremblant.*

Abandonnée! Et comment? Pourquoi?

THÉRÈSE.

Parce que la pauvre femme est morte !

MAURICE.

Morte! (*Mettant la main sur son cœur.*) Morte ! et j'ai fait deux mille lieues pour la voir.

MARTIN.

Vous !

MAURICE.

Oui, j'ai usé des années de luttes et de ruse pour m'échapper du fond de la Sibérie.

MARTIN *et* THÉRÈSE.

La Sibérie !

MAURICE.

Pour traverser les lignes ennemies!... j'ai traîné mes souffrances, mes blessures à travers la Russie et l'Allemagne... vingt fois j'ai dû succomber dans ma route. Torturé par la faim, épuisé par la fatigue et toujours, toujours je me relevais en m'écriant : Allons, courage, tâche de marcher encore, de marcher jusqu'à elle, qui désespère de te revoir, qui pleure ta mort et dont tu sécheras les larmes, et lorsque la faim me déchirait la poitrine, j'imposais silence à ma fierté... je cachais ma croix d'une main et je tendais l'autre en demandant l'aumône...

THÉRÈSE.

Brave homme !

MARTIN, *bas à sa femme.*

C'est lui, c'est Maurice

MAURICE, *se levant.*

Et quand j'arrive enfin, quand je crois la retrouver... Morte! elle est morte! (*S'emportant.*) Oh! c'est affreux!... C'est horrible... c'est... (*Se calmant tout à coup et se découvrant.*) Pardonnez-moi, mon Dieu! c'est vous qui l'avez rappelée... vous n'avez pas voulu sans doute qu'elle eût à supporter la moitié de ma misère. (*Il tombe assis sur le banc, accablé, et pleure.*)

THÉRÈSE.

Maurice, monsieur Maurice... allons, ne pleurez pas ainsi...

MARTIN.

D'ailleurs, pour vous consoler de la perte de Catherine... eh bien, il vous reste sa fille.

MAURICE, *relevant la tête.*

Sa... sa fille, avez-vous dit?

THÉRÈSE.

En effet... vous ne savez pas, puisqu'on ne vous a jamais écrit, parce qu'on vous croyait mort... peu de temps après votre départ, Catherine...

MAURICE.

Achevez... Catherine?

MARTIN.

Eh bien... elle allait devenir mère... Ce n'était pas votre femme seule, mais votre femme et votre enfant que vous quittiez à la fois.

MAURICE, *se levant.*

Mon enfant!.. Vous ne me trompez pas!.. Oh! voyons, voyons, mes amis, répondez-moi... répondez-moi avec calme... J'ai... j'ai un enfant, n'est-ce pas?

THÉRÈSE.

Mais oui...

MAURICE.

Un enfant de ma Catherine bien aimée?

THÉRÈSE.

Mais oui, vous dis-je.

MAURICE.

Et où est-il? que je le voie!.. que je l'embrasse!.. Ah!.. ce n'est donc pas pour rien que j'ai vécu jusqu'a ce jour... Mon enfant!

MARTIN.

Une belle fille, ma foi... et qui était là tout à l'heure, mais maintenant...

MAURICE.

Maintenant... (*On entend au loin dans la montagne la musette des gens du pays qui accompagnent Pauvrette.*)

MARTIN.

Tenez, écoutez.

MAURICE.

Qu'est-ce donc?

THÉRÈSE.

Tous ceux du pays qui conduisent Pauvrette avec les provisions de l'hiver...

MAURICE.

Pauvrette!..

THÉRÈSE *et* **MARTIN.**

Votre fille!

MAURICE.

Elle se nomme Pauvrette. Ils la conduisent, dites-vous?..

MARTIN.

Est-ce que vous ne savez plus les usages du pays?.. l'enfant garde un troupeau, et c'est aujourd'hui qu'elle doit s'enfermer là-haut pour trois mois.

MAURICE.

Oh! je ne veux pas... ma fille!.. je la verrai, je la garderai près de moi... Mais ils sont loin déjà... qui pourra me conduire?

SCÈNE XII.

LES MÊMES, FERNAND, UN JEUNE GUIDE *sortant de l'auberge.*

FERNAND.

Allons, petit... il faut me montrer le chemin, je veux assister à la bénédiction de la cabane et de l'étable qui vont se fermer, dit-on, pour trois grands mois.

MAURICE, *allant à Fernand.*

Monsieur, vous montez là-haut, vous avez un guide... Oh! je vous en conjure, permettez-moi de vous suivre...

FERNAND.

De me suivre...

MAURICE.

Ne me refusez pas, monsieur... Vous voulez bien que je profite du guide, n'est-ce pas?

FERNAND.

Ma foi... comme vous voudrez, mon brave homme!..

MAURICE.

Oh! merci! merci!.. Allons, partons.

MARTIN.

Mais brisé de fatigue comme vous l'êtes!

MAURICE, *sur le devant, sans être entendu de Fernand.*

Bah!.. j'ai fait deux mille lieues pour venir jusqu'ici, j'en ferai bien encore une ou deux pour embrasser ma fille... Partons!

FERNAND *et le* **GUIDE.**

Partons...

ACTE II.

La scène se passe au sommet des Alpes. — A la gauche du public, une étable dont une partie seulement est en scène, le reste se perd dans la coulisse. L'étable, dont on voit l'intérieur, n'occupe guère que le tiers du théâtre. — De tous les côtés, des montagnes; sur le plateau que forme l'une d'elles est assise l'étable. — Au fond, l'une au quatrième, l'autre au cinquième plan, deux crêtes fendues à pic et séparées par un abîme; au-dessus de cet abîme est jeté, entre les deux crêtes, un pont très-fragile fait avec des arbres renversés. De ce pont jusqu'à l'étable, un sentier est pratiqué dans les montagnes. — Un autre sentier va en montant de la droite à la gauche, à travers des rochers qui servent à masquer pour le public le fond de l'abîme. Enfin, un autre sentier se perd à gauche derrière l'étable. — Au lever du rideau, les paysans arrivent en scène par la gauche, avec Pauvrette portant des provisions, des fourrages, etc. — Divers mouvements de mise en scène pendant lesquels on range une partie de ces fourrages dans la cabane; on porte le reste à gauche à l'extérieur, puis on se groupe autour de Pauvrette pour lui dire adieu. — Nuit à la rampe au lever du rideau et qui dure tout le temps de l'acte.

SCÈNE I.

PAUVRETTE, UN VIEILLARD, LES PAYSANS.

PAUVRETTE, *entourée de paysans et leur serrant la main.*

Merci, mes amis, merci... Me voilà rentrée chez moi; grâce à vous, j'ai mes provisions de l'hiver. Ne vous attardez pas davantage. Tenez, regardez là-haut... au-dessus de vos têtes: en v'là qui s'y connaissent et qui vous donnent un bon avis.

LE VIEILLARD.

Qui donc?

PAUVRETTE.

Les hirondelles. Elles partent, elles me quittent jusqu'au retour du printemps; faites comme elles... et surtout, ne prenez pas ce sentier-là (*montrant le sentier qui descend derrière la cabane*), entendez-vous bien? c'est de ce côté que roule toujours l'avalanche. (*Désignant la gauche et montrant le pont.*) Il vaut mieux remonter par ici et redescendre de l'autre côté.

LE VIEILLARD, *à part.*

Pauvre enfant!.. Je tremble toujours qu'à la fonte des neiges on ne la retrouve morte dans cette cabane.

PAUVRETTE.

Hein?.. vous dites?

LE VIEILLARD.

Je dis... je dis, ma fille, que je vous bénis avant de me séparer de vous et que le ciel aussi doit vous bénir. Oui, Dieu te bénira, Pauvrette.

PAUVRETTE.

Je l'espère. Au revoir, mes amis!!!

TOUS, *s'éloignant.*

Au revoir, Pauvrette. (*Ils remontent la montagne de gauche et passent tous sur le pont du bord, Pauvrette les suit, le Vieillard s'arrête sur le pont et la bénit, Pauvrette s'agenouille; ne les voyant plus, elle redescend, rentre dans la cabane, prend son bâton ferré, remonte jusqu'au haut, met son mouchoir au bout de son bâton en signe d'adieu, elle redescend tristement.*)

SCÈNE II.

PAUVRETTE, *seule.*

Je ne les vois plus... et me voilà seule! seule comme toujours! (*Écoutant le bruit du vent qui commence à souffler avec violence.*) Et bientôt peut-être l'avalanche... J'ai beau dire et faire la forte, tant qu'ils sont là et qu'ils me serrent la main... du moment que je ne les vois plus et que le son de leurs voix s'est perdu au loin dans les montagnes... je baisse la tête et je ne peux plus sourire... aujourd'hui plus que les autres fois, j'ai là comme un poids qui m'étouffe. (*Elle rentre dans la cabane.*) De grosses larmes qui voudraient couler et qui ne peuvent pas. (*Regardant la bague qu'elle a au doigt.*) C'est peut-être que je me rappelle cette belle jeune fille si riche et si bonne... qui m'a appelée sa sœur... qui voulait m'emmener avec elle... J'ai refusé... C'était mon devoir, mais à présent... Ah! n'y pensons plus... ça me fait trop de mal. Allons, reprenons bien vite mon courage... et d'abord... (*elle sort de la chaumière*) d'abord le vent ne souffle plus et le bon Dieu me laisse encore un peu de temps pour voir le jour. Je vais dire adieu à tout cela pour trois grands mois; au ciel, aux montagnes, au soleil que je vais cesser de voir... et puis à ce compagnon fidèle, à cette voix de la montagne qu'ils appellent l'écho... un ami qui va m'abandonner comme les autres dès que l'étable va être ensevelie sous la neige. Écho, réponds: Sommes nous ensemble pour longtemps? (*L'écho répond les dernières syllabes.*) Je voudrais que ce fût pour toujours. (*Même jeu de l'écho qui se fait au manteau d'Arlequin et au fond du théâtre au premier cintre.*)

SCÈNE III.

PAUVRETTE, *puis en dehors à la cime de la montagne de droite,* FERNAND, *au loin criant.*

FERNAND.

Par ici! par ici!..

PAUVRETTE.

Qu'entends-je, cette voix... quelque voyageur égaré sur la cime de ces montagnes et qui ne soupçonne pas sans doute les dangers qui le menacent. (*Ici le bruit du vent recommence beaucoup plus violent que la première fois.*) Le vent souffle avec fureur; je tremble.

FERNAND, *criant.*

Ah! au secours! au secours!

PAUVRETTE.

Le malheureux! il est perdu! (*Elle rentre vivement dans la cabane, saisit un bâton ferré, puis ouvre la deuxième porte à gauche.*) A moi, Miro! (*Un chien des montagnes paraît et saute autour d'elle. Elle le saisit par son collier et ouvre la porte qui donne sur la montagne.*) Écoute, Miro, là bas! un voyageur, sous la neige! Il faut le sauver... Cherche! cherche, Miro! (*Elle le lâche, le chien s'éloigne et disparaît dans la montagne; elle part avec lui et atteint rapidement la cime de la montagne de droite en traversant le pont fragile placé entre cette montagne et celle qui tient le milieu du théâtre. Pendant ce temps, l'orage a redoublé, la neige tombe, on entend au loin aboyer le chien. Un peu avant qu'on ne cesse de voir Pauvrette à droite, Jean Maurice paraît du côté opposé, à droite, au bas de la montagne qui tient le milieu du théâtre. Il essaye péniblement de se frayer un passage au milieu des neiges et des rochers.*)

SCÈNE IV.

JEAN MAURICE, *seul.*

Allons, allons, du courage encore!... du courage! mais de quel côté me diriger... Comment me soutenir à travers ces monceaux de neige et de glace? Partout, partout, un danger, une menace de mort et sous mes pas et sur ma tête. (*L'orage s'apaise un instant. Regardant à gauche.*) Une cabane; la sienne peut-être; mais entre elle et moi, un abîme... Oh! ce pont... c'est le chemin qui pourra m'y conduire; essayons d'arriver jusque-là... (*Il cherche à monter et disparaît.*)

SCÈNE V.

PAUVRETTE, FERNAND. (*Pauvrette reparaît sur le pont, au fond, guidant par la main Fernand qui s'appuie sur elle et sur le bâton ferré qu'elle lui a donné. Elle met le pied sur le pont qui sépare les deux montagnes.*)

PAUVRETTE.

Venez, venez, doucement! doucement! (*Ils descendent le sentier pratiqué dans la montagne du milieu, et qui va jusqu'à la chaumière.*) Ah! maintenant je ne tremble plus... mais j'ai cru que ce pont allait se briser sous nos pieds. Bientôt vous serez à l'abri... (*Montrant la cabane vers laquelle elle le conduit.*) Là... vous serez chez moi.

FERNAND.

Chez vous!... Merci, merci, ma belle enfant, mon ange sauveur, merci! (*Ils sont arrivés au bas de la montagne et ils entrent dans la cabane.*)

PAUVRETTE.

Enfin nous y voilà... (*Elle le fait asseoir sur un escabeau; le chien les a suivis. Pauvrette le caresse et le fait rentrer à gauche dans l'étable.*)

FERNAND.

Ah! ma curiosité a failli me coûter cher. (*Pendant toute l'action précédente, la neige tombe à gros flocons, et peu à peu le sentier de dessous se trouve comblé. La neige s'élève jusqu'au niveau du théâtre. Elle cesse de tomber pendant le dialogue suivant des deux jeunes gens.*)

PAUVRETTE.

Votre curiosité...

FERNAND.

Oui, quelque menaçant que fût le bruit de la tempête, je ne sais quel désir impérieux m'entraînait malgré moi... je voulais admirer de plus près ce terrible spectacle, et vainement le guide m'a-t-il supplié de retourner en arrière, je ne l'écoutais pas; je m'élançais toujours jusqu'à la cime de cette montagne où une voix que j'aimais bien autrement à entendre que celle du guide m'a enchaîné longtemps à ma place. Une voix irrésistible, la vôtre je suppose, mon enfant... oui, c'était vous qui causiez avec...

PAUVRETTE.

Avec l'écho.

FERNAND.

C'est cela. Bien m'a pris de vous écouter, puisque je vous ai trouvée là pour me secourir et me remettre dans ma route... Par vous, je parviendrai peut-être à rejoindre mes compagnons.

PAUVRETTE.

Vos compagnons? le guide et...

FERNAND.

Et un pauvre soldat qui avait demandé à me suivre.

PAUVRETTE, *allant à la porte.*

Un soldat!.. perdu avec vous dans ces montagnes! que sera-t-il devenu?

FERNAND, *se levant.*

Je crois qu'il aura regagné le pays avec le guide, car rien au monde ne les obligeait d'imiter mon audace, et tous les deux auront bien fait de m'abandonner.

PAUVRETTE.

Mon Dieu! je me rappelle à présent; quand je suis arrivée jusqu'à vous, quand je vous ai tendu la main pour vous conduire, il m'a semblé que d'autres cris de détresse se faisaient entendre autour de nous... de quel côté, je n'en sais rien... je songeais à vous, à vous seul, en ce moment... Mais j'ai bien peur qu'un homme n'ait péri dans quelque abîme.

FERNAND.

Dieu veuille qu'il n'en soit pas ainsi; je le voyais pour la première fois, mais l'aspect de son uniforme avait déjà fait de moi son ami, son camarade, et ce serait pour moi un chagrin véritable de ne pas le retrouver au bas de cette route. (*A la porte de la cabane et regardant le sentier placé devant lui.*) C'est par là, n'est-il pas vrai, que je puis redescendre au village?

PAUVRETTE.

Oui, par là, mais ne perdez pas un instant!

FERNAND.

Déjà me séparer de vous!

PAUVRETTE.

Sur-le-champ.

FERNAND.

Sans vous avoir exprimé toute ma reconnaissance, sans vous avoir dit...

PAUVRETTE.

Rien! rien... le vent s'est calmé, profitez-en pour gagner la plaine; un quart d'heure, c'est tout ce qu'il faut pour descendre assez bas, et pour échapper au danger, mais ne perdez plus une minute. (*Elle ouvre la porte.*)

FERNAND.

Mais...

PAUVRETTE.

Il y va de la vie... Partez!...

FERNAND.

Eh bien! adieu! adieu! (*Il va pour sortir. On entend tout à coup le vent mugir avec bien plus de violence qu'il ne l'a fait en-core. Un bruit terrible, le bruit de l'avalanche gronde avec force.*)

PAUVRETTE, *saisissant la main de Fernand et le forçant à rentrer.*

Arrêtez!... rentrez! rentrez vite. (*Elle ferme la porte.*)

FERNAND.

Ce bruit!

PAUVRETTE, *avec terreur.*

C'est l'avalanche.

FERNAND.

L'avalanche?

PAUVRETTE.

Là... tout près de nous... sur nos têtes!... (*Des blocs énormes de neiges et de roche roulent de toutes parts, Pauvrette tombe à genoux.*)

FERNAND.

Grand Dieu !

PAUVRETTE.

C'est maintenant que notre sort se décide!... Seigneur! nous sommes deux cette fois... et lui n'est peut-être pas comme moi, sans famille. (*L'avalanche a continué de rouler, le pont s'est en-glouti dans l'abîme que les blocs de rocher et de neige ont comblé, en même temps que d'immenses nappes de neige, glissant du som-met de la montagne, sont venues recouvrir entièrement l'étable, en sorte qu'elle se trouve tout à fait enterrée sous la neige et qu'on ne voit plus au-dessus même du toit qu'une plaine de neige toute unie. Le calme renaît enfin.*)

FÉRNAND.

Plus rien !

PAUVRETTE.

C'est fini, nous sommes sauvés! Soyez béni, Seigneur! (*Elle se lève.*)

FERNAND, *se découvrant.*

Soyez béni!... et maintenant, je puis partir, n'est-ce pas?

PAUVRETTE, *avec étonnement.*

Partir !

FERNAND.

Mais sans doute.

PAUVRETTE , *allant ouvrir la porte, dont l'issue est obstruée par les blocs de neige jusqu'au dessus du toit.*

Regardez.

FERNAND.

O ciel!.. c'est comme une prison... comme un tombeau... Enfermé ici pour de longues heures, peut-être?

PAUVRETTE.

Des heures!... oh! plus que cela.

FERNAND.

Des journées entières...

PAUVRETTE

Non... des mois...

FERNAND.

Des mois!... (*A lui-même.*) Mais ceux qui m'attendent là-bas, quelle sera leur inquiétude, leur douleur, en ne me voyant pas revenir... (*Haut.*) Non, je ne resterai pas enfermé ici, c'est im-possible!...

PAUVRETTE.

Et comment ferez-vous?... Il n'y a que le bon Dieu qui saurait maintenant vous frayer une route... Il faut attendre.

FERNAND.

Attendre... et quand j'en aurais la patience... que faire?... que devenir ici?... mais on doit y mourir!

PAUVRETTE, *prenant son briquet.*

Il y a cinq ans que j'y vis, moi?

FERNAND.

Cinq années ! et pendant la longue captivité de chaque hiver, que fais-tu donc?

PAUVRETTE.

Je travaille, je chante et je prie.

FERNAND.

Pendant trois mois!

Pas toujours !

PAUVRETTE.

Ah !

FERNAND, *avec joie.*

PAUVRETTE.

Ça dure quelquefois quatre mois.

FERNAND, *avec effroi.*

Quatre mois... seul... pendant quatre mois!

PAUVRETTE. *Elle a allumé la lampe, la pose sur une petite table et se met à tricoter.*

Seul !... Eh bien... et moi.

FERNAND.

Toi! (*La regardant attentivement.*) C'est vrai, avec toi... une jeune... et jolie fille... car tu es jolie?

PAUVRETTE.

Ah ! je ne savais pas.

FERNAND, *prenant la chaise.*

En vérité? personne ne te l'a donc jamais dit?

PAUVRETTE.

Jamais.

FERNAND.

Et toi... ça ne te fait rien... tu... tu... n'es pas fâchée de rester avec moi?

PAUVRETTE.

Fâchée!... au contraire! je serais heureuse si j'étais sûre que vous ne soyez pas malheureux.

FERNAND, *il s'assied près d'elle.*

Comment!... notre captivité commune, ce long tête-à-tête, la pensée que nous serons ensemble, toujours ensemble, tout cela ne te fait pas peur?

PAUVRETTE.

Peur ! et pourquoi?

FERNAND.

Mais...

PAUVRETTE.

Voyons... pourquoi? (*Elle s'approche de lui.*)

FERNAND, *s'éloignant.*

Pourquoi... oui, tu as raison... je ne sais ce que je dis; c'est... c'est la fatigue... le besoin qui me troublent la cervelle...

PAUVRETTE, *elle se lève.*

Le besoin!... j'y songe... attendez-moi, je vais revenir...

FERNAND.

Où vas-tu?

PAUVRETTE.

Chercher le souper?

FERNAND.

Le souper?

PAUVRETTE.

C'est l'heure! oh ! je le vois... ça vous étonne ; ici, c'est tou-jours la nuit, mais n'importe! l'habitude d'y vivre fait que je calcule toujours à peu près juste, et si nous pouvions entendre l'horloge du village... Il doit être à présent tout près de huit heures du soir.

FERNAND, *tirant sa montre.*

En effet ! (*La montre sonne huit heures.*)

PAUVRETTE.

Tiens! c'est gentil ! oh ! quel bonheur !.. Eh bien ! tenez voilà pour tous deux une compagnie sur laquelle je ne comptais pas, Attendez-moi, je reviens... je reviens de suite. (*Elle entre à gauche dans l'étable.*)

SCÈNE VI.

FERNAND, *seul, regardant sa montre.*

Huit heures... et j'avais commandé pour midi les chevaux de poste qui devaient nous emmener à Grenoble!... et mon mariage devait avoir lieu sous peu de jours... et je vais être enfermé pendant trois mois... quatre peut-être, avec... avec cette enfant! Si naïve (*elle rentre, il fixe les yeux sur elle*)... et si jolie!...

SCÈNE VII.

FERNAND, PAUVRETTE.

FERNAND, *à Pauvrette qui range des fruits et du lait sur une table.*

Que fais-tu donc?

PAUVRETTE.

Je mets la table.

FERNAND.

Ah!... c'est là le souper.

PAUVRETTE.

Oui, du lait chaud, du fromage et du pain !

FERNAND.

Allons! (*Il se met à manger.*)

PAUVRETTE, *s'asseyant aussi.*

Vous autres, dans la plaine ou dans la ville, est-ce que vous mangez autre chose que ça ?

FERNAND.

Autre chose que... du lait, du fromage blanc et du pain... noir!.. mais oui, quelquefois.

PAUVRETTE.

Alors, ça va vous manquer et vous regretterez ça ici...

FERNAND, *versant du lait dans les tasses.*

Non, non, ce que je regrette... c'est...

PAUVRETTE.

Quoi donc ?

FERNAND.

C'est ma famille !

PAUVRETTE.

Ah ! vous en avez une, vous ?

FERNAND.

Et tu n'en a pas toi ! pauvre enfant !

PAUVRETTE.

Moi!... j'ai une croix de bois au cimetière du village; on m'a dit que c'était là-dessous que reposait ma mère...

FERNAND.

Et pas un parent !

PAUVRETTE.

Pas un !... Ils disent que mon père est mort aussi de son côté... Tout le monde le croit au pays... et cependant quelquefois je veux espérer encore et ne pas croire, comme tout le monde... et je me dis qu'un jour il me sera peut-être rendu c'est pour ça surtout que je ne veux pas quitter le pays, que je l'ai refusé ce matin même.

FERNAND.

Oh ! tu as refusé...

PAUVRETTE.

Oui, je pense à lui, je l'appelle.

FERNAND.

Ton père !

PAUVRETTE.

Il m'arrive souvent de me souvenir à mon réveil que je l'ai vu, que je l'ai embrassé pendant que je dormais... Enfin, je crois à lui sans le connaître, comme je crois à Dieu. Je les invoque tous les deux ensemble et je ne mets pas dans mon cœur de différence entre ces deux noms-là : Dieu et mon père ! Tiens, vous pleurez?

FERNAND.

Comme toi?

PAUVRETTE.

Oh ! moi, j'ai mes raisons, vous voyez bien ! Mais vous, vous me l'avez dit, vous avez encore votre famille !

FERNAND.

Oui ! j'ai de bons parents qui m'aiment.

PAUVRETTE, *avec expression.*

Oh ! ça doit être bon de se sentir aimé !

FERNAND.

Pauvre enfant!

PAUVRETTE.

Parlez-moi de ceux qui vous aiment.

FERNAND.

Eh bien ! j'ai ma grand'mère, excellente pour moi... malgré sa sévérité, et qui va être désolée en ne me revoyant pas!... et puis...

PAUVRETTE.

Et puis...

FERNAND, *avec embarras.*

Et puis, ma... (*Il s'arrête en regardant Pauvrette.*) Ma...

PAUVRETTE.

Achevez donc; c'est donc un mot bien difficile à dire... Et puis votre...

FERNAND

Ma sœur !

PAUVRETTE, *à elle-même.*

Ah! vous avez... (*Elle regarde la bague que lui a donnée Léonide.*) Et moi aussi, si je l'avais voulu, j'aurais une sœur. (*Elle reste pensive.*)

FERNAND.

A quoi songes-tu donc ?

PAUVRETTE.

A ceux dont vous n'êtes que séparé, et à ceux que j'ai perdus ; à ceux que vous regrettez, vous, et à ceux que je pleure, moi... Nous en parlerons souvent, n'est-ce pas? (*Elle lui tend la main.*)

FERNAND, *la lui prenant.*

Oui, oui, nous parlerons d'eux. (*Il la regarde avec émotion.*) Nous!.... (*Il s'éloigne brusquement d'elle.*)

PAUVRETTE.

Comme vous retirez votre main... de quoi avez-vous peur ?

FERNAND.

Moi... de rien, de rien !

PAUVRETTE, *se levant.*

A présent, il est tard, il faut penser à la nuit !

FERNAND.

Comment! à la nuit?

PAUVRETTE. (*Elle rentre dans l'étable.*)

Sans doute! (*Ressortant avec une botte de paille qu'elle met à gauche.*) Tenez, voilà mon lit... et je vais faire le vôtre. (*Regardant autour d'elle et montrant la droite.*) Là. (*Elle met une botte de paille devant la porte.*)

FERNAND.

Là... le... le mien... là !

PAUVRETTE, *arrangeant la paille.*

Aimez-vous mieux ailleurs ?

FERNAND.

Je...

PAUVRETTE, *elle entre dans l'étable et resort avec deux peaux.*

Avec ça et quelques peaux de chevreau pour vous couvrir... bah ! on dort tout de même... vous verrez!... Moi d'abord j'en ai pour jusqu'à demain matin. (*Fernand et Pauvrette rangent la table à gauche.*)

FERNAND.

Ah! moi aussi. (*Il marche machinalement vers la droite, où Pauvrette lui a préparé sa botte de paille.*)

PAUVRETTE.

Eh bien ! où allez-vous donc?

FERNAND.

Mais... là...

PAUVRETTE.

Est-ce que vous ne faites pas votre prière du soir?

FERNAND.

Ma prière du soir!... Ah ! tu crois!... Vous avez raison, il le faut !

PAUVRETTE.

Tiens ! vous me dites vous à présent!... pourquoi donc?... on ne me l'a jamais dit, à moi. Enfin... (*Elle se met à genoux, Fernand prend la chaise et remonte au fond.*) Mon Dieu, je mets dans vos mains mon cœur et mon âme... Ma mère qui êtes au ciel, priez pour votre enfant, priez pour que le Seigneur lui ramène son père... (*Elle se lève et se dirige vers son lit tout en priant toujours, elle se couche et s'endort en prononçant ces mots :*) Ma mère ! ma mère... (*Fernand s'est relevé.*)

FERNAND.

Endormie ! et moi, séparé de toute la terre, seul avec elle ! si jeune, si belle, si confiante! (*Il contemple la jeune fille pendant son sommeil, mais sans oser approcher d'elle.*) C'est que je n'ai rien vu de plus ravissant au monde, et cette grâce ingénue .. et ces larmes qui ont fait couler les miennes.

PAUVRETTE, *rêvant toujours.*

Mon père! mon père!

FERNAND, *s'arrêtant.*

Son père ! Allons, dors en paix, pauvre orpheline, sous la protection du ciel! (*Il retourne à sa place et s'assied, l'œil toujours fixé sur la jeune fille. Jean Maurice reparaît ici avec le guide à l'extrémité de la montagne de droite près de l'endroit où le pont vient d'être brisé sur l'abîme.*)

SCÈNE VIII.

LES MÊMES, JEAN MAURICE, LE GUIDE, *dans les montagnes.*

MAURICE, *au Guide.*

Ma fille !

FERNAND.

Trois mois, seul avec elle !...

MAURICE.

Trois mois sans te voir !... que ma bénédiction du moins puisse arriver jusqu'à toi ! (*Il étend les mains vers l'endroit où se trouve la cabane. Nouveau mouvement d'avalanche plus violent encore que le premier. La toile tombe.*)

ACTE III.

Un petit salon au château de la Duchesse.

SCENE I.

DUCLOS, *assis, lisant un journal*; HORTENSIA.

HORTENSIA.

Que d'événements, monsieur Duclos, que de malheurs depuis quatre mois que nous *revenâmes* ici ! D'abord la *disparaison* de Fernand ; ensuite, quand il nous revient un beau jour, après qu'on l'a cru mort... il est triste comme un *n'hibou* ! Il ne parle plus, il ne mange plus ! il faut qu'il lui soit arrivé quelque chose dans les montagnes... Il y a quelque *aiguille* sous roche.

DUCLOS.

Oui, ce qu'il est devenu, ce qui lui est arrivé pendant cette longue absence, personne n'a pu le savoir au juste... Mais sa tristesse est bien naturelle... A son retour ici, n'a-t-il pas trouvé mademoiselle Léonide presque mourante ?...

HORTENSIA.

Deuxième malheur ! Ah ! nous avons bien cru la perdre !

DUCLOS.

Oh ! si cela était arrivé... (*avec douleur, à lui-même,*) j'en serais mort.

HORTENSIA.

Merci ! c'est par intérêt pour moi, et parce que vous savez la peine que ça m'aurait *fait*, n'est-ce pas ?

DUCLOS, *avec embarras.*

Oui, oui... c'est pour cela.

HORTENSIA.

Le médecin prétend que c'est une *perthrophie* du cœur ou une fluxion de poitrine qu'elle a dans l'estomac...

DUCLOS.

Madame, le médecin est un âne.

HORTENSIA.

Vous croyez ?... C'est possible ! On dit qu'il y en a de comme ça....

DUCLOS.

Je suis prêt à lui en signer le diplôme.

HORTENSIA.

Il a pourtant assez bien rétabli ce vieux soldat qu'on nous a rapporté de la montagne au village de Saint-Didier dans un vilain état.

DUCLOS.

Il l'a rétabli, grâces aux soins que nous lui avons donnés depuis que madame la duchesse l'a fait transporter ici ; mais...

HORTENSIA.

Chut !... c'est elle !

SCÈNE II.

LES MÊMES, LA DUCHESSE, *entrant par la droite*; puis MAURICE.

LA DUCHESSE.

Duclos, avez-vous vu Fernand ?

DUCLOS.

Oui... madame la duchesse.

LA DUCHESSE.

Toujours triste, parlant à peine et cherchant à cacher les larmes qui le suffoquent.

DUCLOS.

Après tout... madame... il y a bien de quoi (*Il montre la chambre à gauche.*)

LA DUCHESSE.

Oui, oui, ce n'est qu'en tremblant que moi-même je viens chercher des nouvelles de ma pauvre Léonide. (*Elle va vers*

à *Hortensia qui va ouvrir doucement la porte de la chambre de Léonide. A Hortensia.*) Eh bien ?

HORTENSIA.

Elle repose toujours.

LA DUCHESSE.

Tant mieux ! Dors en paix, chère enfant !

HORTENSIA, *fermant la porte et parlant bas.*

C'est ce qu'elle fait... Elle dort en paix, la pauvre petite.

MAURICE, *paraissant au fond et s'approchant de la Duchesse.*

Pardon... excusez-moi, madame la duchesse.

LA DUCHESSE.

Ah ! c'est vous, Maurice !

MAURICE.

Oui, madame la duchesse, moi qui viens vous remercier avant de partir, de toutes vos bontés pour un pauvre soldat qui vous était inconnu.

DUCLOS.

Partir... vous !... allons donc ! madame la duchesse ne le permettra pas.

MAURICE.

Excusez, mon capitaine, mais...

DUCLOS.

Mais... mais, vous n'êtes pas en état de partir.

LA DUCHESSE.

Certainement... d'ailleurs, où irez-vous ?

MAURICE.

Aujourd'hui... je peux vous le dire... je veux aller à la recherche de... de mon enfant...

DUCLOS.

Votre enfant !

LA DUCHESSE.

Vous avez un enfant !

HORTENSIA.

Il a z'un enfant !

LA DUCHESSE.

En effet ! je me souviens à présent ; quand, par mon ordre, on vous eut transporté dans ce château, vous parliez souvent dans votre délire... d'une fille.

MAURICE.

La mienne, madame la duchesse, que le ciel n'a pas voulu rendre à ma tendresse ! Hélas ! vous étiez si malheureuse vous-même, que je n'aurais pas osé vous parler d'elle... et nos premières démarches sont demeurées jusqu'à présent sans résultat ; l'exprès qu'on a bien voulu faire partir a trouvé déserte la cabane qu'occupait autrefois ma famille, et le pasteur de Saint-Didier, qui m'avait fait promettre de me donner de ses nouvelles, ne m'a jamais écrit... Aujourd'hui, la force m'est revenue, et je veux...

LA DUCHESSE.

Maurice, retardez votre départ : nos recherches, nos démarches seront plus efficaces que les vôtres. Nous enverrons sur toutes les routes, nous ferons fouiller tous les villages, et celle que vous pleurez vous sera rendue.

MAURICE.

On me la rendrait !... Oh ! madame, madame ! Si par vous je puis espérer un pareil bonheur...

DUCLOS, *à Maurice.*

Ainsi, c'est entendu, vous resterez encore.

HORTENSIA.

Oui, oui, il restera z'encore !

LA DUCHESSE.

Je ne vous demande que quelques jours... Si d'ici là, nous n'avons pas de nouvelles, si le pasteur ne vous a pas écrit... eh bien, vous partirez.

MAURICE.

Je reste, madame la duchesse, mais vous m'ordonnerez bientôt.

LA DUCHESSE.

Nous enverrons aujourd'hui même... dès que nous aurons appris à ma pauvre Léonide le retour de son cousin... que nous lui cachons depuis un mois, parce que le docteur redoute pour elle toutes les émotions violentes !

DUCLOS.

Oui, le docteur !... Toujours le docteur ! Ah ! si vous aviez voulu me croire, madame la duchesse !

LA DUCHESSE.

Eh bien ?

DUCLOS.

Vous auriez fait depuis longtemps ce que vous m'avez promis...
ce que je vous supplie de faire aujourd'hui, à l'instant même,
d'envoyer promener le docteur et toutes ses ordonnances et de
ne suivre que les miennes à moi qui vois plus clair que lui, j'en
suis sûr, dans les souffrances de Léonide. Faites appeler monsieur Fernand... mettez-le bravement en face de sa cousine et je
réponds, moi, que vous la sauverez.

SCÈNE III.

LES MÊMES, FERNAND.

LA DUCHESSE.

Fernand !

FERNAND.

J'apporte une lettre qui arrive au château.

MAURICE.

Une lettre... si c'était...

FERNAND.

De Paris... pour vous, ma mère.

MAURICE.

Non, ce n'est pas cela.

LA DUCHESSE, *prenant vivement les papiers et les parcourant.*

Pour moi !... de Paris... ô mon Dieu ! une faveur insigne que
j'appelais de tout mes vœux pour la fortune, pour l'honneur de
toute ma famille... et tout cela inutile !... Perdu peut-être, perdu
avec ma pauvre fille, si nous ne réussissons pas, capitaine, dans
l'épreuve que vous nous conseillez.

DUCLOS.

Vous savez que les jours de votre fille... me sont aussi chers
qu'à vous-même !

HORTENSIA, *qui guette au dehors.*

Ah !

DUCLOS.

Qu'est-ce donc, Hortensia ? j'entends du bruit.

DUCLOS, *à la Duchesse.*

Eh bien ! madame !

LA DUCHESSE.

Eh bien... allons, j'y consens... Fernand, reste à l'écart, lorsque nous amènerons Léonide. (*A Maurice qui se dirige vers la
porte du fond.*) Maurice, nous vous rendrons votre fille.

MAURICE.

Que le bon Dieu sauve la vôtre, madame la duchesse. (*Maurice sort par le fond, la Duchesse entre à gauche chez Léonide*)

SCÈNE IV.

DUCLOS, FERNAND.

FERNAND, *à part.*

Je n'ai plus un seul instant à perdre. Pauvrette m'attend toujours. (*Allant vivement à Duclos.*) Duclos, vous êtes l'ami de
notre famille, je vous en prie, conseillez-moi... aidez-moi à détourner le malheur qui me menace, qui va nous frapper tous.

DUCLOS.

Un malheur... je ne vous comprends pas. Est-ce pour votre
cousine que vous le redoutez ?... Oh! rassurez-vous, je sais, moi...
je sais bien ce qui se passe en elle, je vous réponds de sa pro-
chaine guérison... et... votre mariage s'accomplira bientôt.

FERNAND.

Et si ce mariage ne devait pas... ne pouvait pas s'accomplir ?

DUCLOS, *avec joie.*

Que dites-vous ? ce mariage ne s'accomplirait pas ! Léonide ne
serait pas votre femme ! Léonide...

FERNAND, *regardant avec inquiétude vers la porte de la chambre à
gauche.*

Silence !

DUCLOS, *se contenant et à part.*

Malheureux ! à quoi vais-je penser ? A moi, à mon fol amour,
quand pour elle il y a de la vie.

FERNAND.

Écoutez-moi, capitaine : je vous ai dit, j'ai dit à tout le monde
ici, qu'il y a trois mois, quand je fus séparé, dans les Alpes, de
ce soldat que la duchesse a recueilli, j'ai dû mon salut à...

DUCLOS.

A un berger, auprès de qui vous êtes resté jusqu'à ce que les
routes fussent redevenues praticables.

FERNAND, *regardant la chambre de Léonide.*

Oui... un long r... c'est cela. Mais ce que je ne vous ai pas
dit, c'est que pendant trois mois d'isolement... loin de cette maison, loin de Léonide, j'ai mûrement réfléchi et...

DUCLOS.

Et... parlons franchement, vous croyez que votre cousine si
vive, si gaie, si insouciante autrefois, n'a jamais ressenti pour vous
cette tendresse profonde que vous cherchez dans votre femme !

FERNAND.

En effet... je crois...

DUCLOS.

Détrompez-vous ; la santé de mademoiselle Léonide n'a
jamais inspiré la moindre inquiétude jusqu'à l'époque de votre
retour d'Italie.

FERNAND.

Je le sais !...

DUCLOS.

Et le jour de notre arrivée ici, après que le guide nous eut
assuré que vous seriez de retour le lendemain, sa joie était au
comble, en voyant ces préparatifs de mariage, cette corbeille,
ces présents de la duchesse, qui sont encore là ? (*Il les montre
au fond du théâtre. Fernand les regarde aussi avec émotion.
Duclos reprend.*) Mais après deux jours d'une attente vaine, il
se fit en elle un changement subit, terrible; toutes les fois que
sur de fausses nouvelles nous espérions vous revoir, la force
lui revenait, elle se ranimait à votre nom prononcé devant elle,
ses yeux qui interrogeaient les nôtres semblaient lire jusqu'au
fond de notre âme ; ses mains se rapprochaient en tremblant,
et ses lèvres s'ouvraient comme pour murmurer une prière... Le
lendemain l'espoir, s'était enfui de nouveau et la pauvre enfant
retombait dans l'abattement, en proie à cette douleur silen-
cieuse et morne, à cette fièvre dévorante qu'un docteur est
impuissant à guérir, parce qu'il n'y a pas de médecin qui gué-
risse les blessures de l'âme. (*A Fernand.*) Parce que c'est vous,
vous seul, qui pouvez ranimer cette pauvre fleur qui se flétrit,
qui pouvez raviver cette pauvre âme prête à s'éteindre... Si
elle se meurt, monsieur, c'est qu'elle vous a cru mort.

FERNAND.

Se peut-il !...

DUCLOS, *d'une voix sourde.*

Ah ! vous ne soupçonnez pas toutes les douleurs d'un amour
sans espoir !... Vous ne comprenez pas ce qu'il y a là de déchi-
rement et de tortures à la pensée de perdre tout ce qu'on aime !
Non, monsieur, vous ne le comprenez pas.

FERNAND.

Duclos !... c'est impossible ! jamais Léonide ne m'a aimé
ainsi ! (*A part.*) Oh ! que cela ne soit pas, mon Dieu !

DUCLOS.

C'est elle ! on l'amène... Monsieur, écoutez. (*Montrant une
chambre à droite.*) Là... là... et vous jugerez par vous-même si
je vous ai dit la vérité.

FERNAND, *à part.*

Léonide !... mourante, ici !... Et là bas, Pauvrette !...

DUCLOS.

Soyez prêt à reparaître ! (*Il le fait entrer.*)

SCÈNE V.

DUCLOS, LA DUCHESSE, LÉONIDE, HORTENSIA. (*Léonide
est très-pâle. Sa tête est inclinée vers la terre. Elle entre soutenue par la Duchesse et par Hortensia qui est allée au devant
d'elle.*)

LA DUCHESSE.

Là... dans ce grand fauteuil. (*On fait asseoir Léonide.*)

LÉONIDE.

Bonne mère... que de chagrins, que de fatigues je te donne !

LA DUCHESSE.

A moi! peux-tu bien parler ainsi?

LÉONIDE.

Que de nuits passées à me veiller, par ma bonne Hortensia!

HORTENSIA, *pleurant.*

Voyons, ma nièce, saprelotte !

LÉONIDE.

Que de larmes répandues à mon chevet, par toi, ma mère...
et... et par vous aussi, Duclos !

DUCLOS.

Par moi ? allons donc ! est-ce que ça pleure, un soldat ? Vous,
(*pleurant*) vous avez cru ça... c'était la fièvre, le délire...

LÉONIDE.

Vous pleuriez, mon ami, comme vous pleurez encore... Ah!
ne retenez pas vos larmes ! (*D'une voix sourde.*) Ah ! ce doit
être si bon de pleurer !

LA DUCHESSE, *à part.*

Ah! mon cœur se déchire!

DUCLOS, *domptant son émotion.*

Eh bien! mademoiselle, si vous trouvez que vos parents, vos amis, ont un peu mérité votre reconnaissance...

LÉONIDE.

Si je le trouve!

DUCLOS.

Il y aurait peut-être un moyen de les en récompenser d'un seul coup.

LÉONIDE.

Un moyen... parlez, Duclos. Ah! je serais bien heureuse de vous montrer à tous que je ne suis pas ingrate en ce moment... Voyons!

DUCLOS.

Il faudrait être bien forte, bien courageuse, vous commander à vous-même, enfin, il faudrait éviter une crise violente et apprendre de sang-froid que...

LÉONIDE, *se levant vivement.*

De qui voulez-vous me parler?

DUCLOS.

De...

LA DUCHESSE.

Duclos! taisez-vous!... attendez, je le veux!

DUCLOS.

Pardon, madame, mais vous m'avez promis de vous en rapporter à moi.

LÉONIDE.

Eh bien?

DUCLOS.

Vous savez, mademoiselle, je n'ai pas eu la main heureuse avec les renseignements que je vous ai donnés sur...

LÉONIDE, *vivement.*

Sur lui... C'est de lui que vous me parlez, n'est-ce pas? Dites, existe-t-il? ou bien a-t-on retrouvé au fond de quelque abîme le corps de mon pauvre Fernand?

DUCLOS.

Mort! non. On croit... qu'il n'est pas mort!

LÉONIDE, *avec force.*

Il existe?

LA DUCHESSE.

Léonide!

DUCLOS.

Peut-être. Mais au nom du ciel, calmez-vous.

LÉONIDE.

Parlez... parlez donc!

DUCLOS.

Oui, oui; je parlerai, mais lorsque vos traits seront moins agités, lorsque votre main ne tremblera plus, lorsque vous m'écouterez enfin avec force et courage.

LÉONIDE.

Tenez, voici ma main. (*Elle la lui tend.*) Bonne mère, voici mon cœur. (*Elle lui met la main sur son cœur.*) Je puis tout entendre, à présent; vous verrez comme je serai calme.

DUCLOS.

Eh bien! on nous a trompés souvent; mais cette fois, mademoiselle, impossible qu'il y ait erreur, car monsieur Fernand, on l'a vu.

LÉONIDE.

On l'a vu! qui l'a vu?

DUCLOS.

Moi!

LÉONIDE.

Vous! Ah! vous ne voulez pas m'abuser, Duclos. vous m'aimez trop pour cela, vous.

DUCLOS.

Oui, oui, je vous aime trop!

LÉONIDE.

Vous l'avez vu! mais où? mais quand?

DUCLOS.

C'est...

LÉONIDE, *se levant.*

Non, plus un mot... ces ménagements que vous prenez... votre émotion... Ah! je vois tout, je sais tout!... Est-ce que vous m'auriez quittée d'un seul jour? Non! si vous l'avez vu, c'est ici! S'il existe, il est ici!... oui, il m'entend, il me voit peut-être... Fernand!... mais viens donc, mais viens donc... Fernand!

FERNAND, *paraissant.*

Léonide!

LÉONIDE.

Ah! (*Elle se jette à son cou.*) Lui, lui! ah! ma mère, mes amis!... (*Sanglotant.*) Ah! mon Dieu! mon Dieu! que je vous remercie de me l'avoir rendu!

LA DUCHESSE.

Mon enfant... je t'en prie, je t'en conjure, ne pleure pas ainsi!

DUCLOS, *pleurant.*

Ah! laissez-la pleurer, madame, ces larmes-là doivent la soulager... (*à part*) comme elles me soulagent moi-même.

HORTENSIA, *qui l'a écouté.*

Je vous comprends, Duclos, je comprends vos pleurs. Oh! oui, que vous savez aimer! (*Duclos lui tourne le dos, elle sort par le fond.*)

LÉONIDE.

Ah! Fernand! que je suis heureuse! Mes amis, c'est comme un poids immense qui cesse de peser là, sur ma poitrine. Ma tête n'est plus brûlante, mon cœur sort de cette étreinte de fer qui l'emprisonnait. Je respire, je vis, ah! oui, je suis bien heureuse!

DUCLOS, *bas à Fernand.*

Lui direz-vous à présent, monsieur, que vous craignez de n'être pas assez aimé d'elle?

FERNAND, *bas.*

Vous aviez raison, mon ami, je la tuerais! (*A part.*) Mais Pauvrette, c'est donc à elle que j'aurai donné la mort?

LÉONIDE, *regardant la corbeille qui est devant la cheminée sur un guéridon.*

Bonne mère, tu avais tout fait préparer pour notre mariage; c'était ton souhait le plus cher... Je veux qu'il s'accomplisse bien vite.

LA DUCHESSE.

Votre mariage! j'étais si loin de l'espérer il y a une heure, que c'est à peine si j'ai lu cette lettre de Sa Majesté.

LÉONIDE.

Une lettre du roi!

LA DUCHESSE, *prenant la lettre dans sa poche.*

Oui, la voilà. (*Lisant.*) « Madame la duchesse, nous n'avons » oublié ni les services ni le dévouement de votre noble fils » mort pour notre cause, et ce sera une joie pour nous de signer » au contrat de mariage de mademoiselle Château-Gontier et » de nous charger de la fortune de celui qu'elle aura choisi pour » époux. Nous voulons qu'elle nous réponde elle-même... »

LÉONIDE.

Moi-même!...

LA DUCHESSE.

« En nous désignant son prétendu dont elle inscrira les nom » et prénoms sur le brevet de colonel que nous joignons à la » présente. » (*La Duchesse interrompt sa lecture et montre le brevet.*) Le voici! (*Achevant de lire.*) « Tout ce qu'elle aura » fait sera sanctionné par notre autorité royale; car tel est » notre bon plaisir. Je prie Dieu, madame la duchesse, qu'il » vous ait en sa protection. — Le Roi! »

LÉONIDE.

Ainsi, mon cousin, c'est moi qui vais vous donner un régiment.

LA DUCHESSE.

Mais pour hâter votre mariage, il faut que Fernand parte bien vite.

LÉONIDE.

Nous séparer encore!

LA DUCHESSE.

Tous les titres, tous les papiers de la famille sont dans les mains de votre grand-oncle, le marquis, le chef de notre maison; c'est un précieux dépôt qui ne doit être remis qu'entre les mains de Fernand-lui-même... Vingt-cinq lieues au plus nous séparent du marquis, Fernand sera bientôt de retour.

LÉONIDE, *souriant avec résignation.*

Eh bien! qu'il parte; mais du moins qu'il ne parte pas seul. Monsieur Duclos, je ne veux pas qu'il lui arrive quelque nouveau malheur. Vous l'accompagnerez, n'est-ce pas? vous veillerez sur lui?

DUCLOS.

Je le ferai.

LÉONIDE, *bas.*

Lui, c'est tout mon bonheur, c'est toute ma vie, et c'est à vous que je le confie. Vous m'en répondez ?

DUCLOS.

Je vous en réponds.

LÉONIDE, *lui serrant une main.*

Merci !

HORTENSIA, *rentrant de droite.*

Merci !

DUCLOS, *après avoir regardé longtemps Léonide.*

Allons, je suis à vos ordres, monsieur Fernand, nous partons ensemble.

LA DUCHESSE. (*Elle sonne, un domestique entre.*)

Faites sortir la berline de voyage et qu'on envoie chercher des chevaux. Je vais tout faire préparer, Fernand ; viens recevoir tes dernières instructions. Attends-nous là, Léonide ; ils ne partiront pas sans t'avoir dit adieu.

LÉONIDE.

Au revoir, Fernand.

FERNAND.

Au revoir, ma cousine.

DUCLOS, *à part, regardant Léonide.*

Allons jusqu'à la fin ; c'est mon devoir de me sacrifier à son bonheur. (*Ils sortent par la droite, premier plan.*)

SCÈNE VI.

LÉONIDE, *seule, puis un* DOMESTIQUE.

LÉONIDE.

Je l'ai retrouvé ! je l'ai revu... et c'est par tendresse qu'ils m'ont si longtemps caché son retour ! Ah ! comme elle a été aveugle et cruelle, leur tendresse pour moi ; mais c'est fini... oublions le passé. Notre mariage sera bien vite accompli ; notre mariage dont tous les préparatifs étaient faits... oui, les voilà ! (*Allant à la corbeille.*) Voilà ma corbeille. (*Un Domestique entre, elle se retourne effrayée.*) Ah ! c'est vous, François !

LE DOMESTIQUE.

Mademoiselle, il y a là une jeune fille qui m'a priée de vous remettre ce papier.

LÉONIDE.

A moi ! (*Elle prend le papier et lit.*) « Léonide de Château-Gontier, à Grenoble, hôtel de... » Mais c'est moi qui ai écrit cela, et vous dites que c'est une jeune fille qui m'envoie !...

LE DOMESTIQUE.

Oui, mademoiselle, une jeune fille misérablement vêtue et qui paraît bien souffrante.

LÉONIDE, *se souvenant.*

Ah ! je me souviens... amenez-la... amenez-la bien vite. (*Le domestique sort.*) Allons ! c'est encore un bonheur qui m'arrive ! (*Le domestique amène Pauvrette qui reste près de la porte, et lui montre Léonide. Pauvrette est plus misérablement vêtue qu'autrefois ; ses traits accusent une longue souffrance.*)

SCÈNE VII.

LÉONIDE, PAUVRETTE.

LÉONIDE, *lui tendant les bras.*

Pauvrette !

PAUVRETTE, *une main appuyée contre la porte, et tendant l'autre vers Léonide.*

Léonide !... vous vous souvenez encore ?

LÉONIDE.

Mais viens... mais viens donc ?

PAUVRETTE, *s'approchant lentement.*

Oh ! merci de vous montrer si bonne.

LÉONIDE, *la faisant asseoir.*

Tu t'es donc décidée à venir ?

PAUVRETTE.

Si tu souffres trop, m'avez-vous dit, viens à moi, je serai ta sœur... J'ai bien souffert, et je suis venue...

LÉONIDE.

Mais ton pauvre visage est pâle... tes yeux semblent rougis par les larmes.

PAUVRETTE.

Oui, j'ai beaucoup pleuré !

LÉONIDE.

Pourquoi n'es-tu pas venue plus tôt ?

PAUVRETTE.

Les malheureux craignent d'être importuns. J'ignorais si vous auriez un souvenir pour moi, et puis... (*A part.*) Je l'attendais toujours, lui.

LÉONIDE.

Est-ce que je pouvais t'avoir oubliée, toi à qui je dois la vie, toi à qui je dois mon bonheur d'aujourd'hui, et tout mon bonheur à venir !... Non, non, notre première rencontre est demeurée gravée dans mon cœur.

PAUVRETTE, *se levant.*

Ah ! j'étais bien heureuse alors !

LÉONIDE.

Heureuse !... malgré ta misère !

PAUVRETTE.

Ma misère !... je ne la soupçonnais même pas.

LÉONIDE, *lui prenant la main.*

Et maintenant... (*Regardant sa main.*) Pourquoi trembles-tu en me parlant ?... Ah ! tu n'as plus ma bague ?

PAUVRETTE, *retirant vivement sa main.*

Votre bague... c'est vrai.

LÉONIDE.

Pourquoi ?

PAUVRETTE.

Elle était bénie... elle me venait de vous... c'était tout ce que j'avais de précieux au monde. (*Baissant les yeux.*) Je la lui ai donnée.

LÉONIDE.

Qui, lui ? Tu as donc un fiancé ?

PAUVRETTE.

Moi !... non, je n'ai pas de fiancé !

LÉONIDE.

Tu as donc un frère ?

PAUVRETTE.

Non, je suis seule, seule sur la terre... c'est pour cela qu'ils m'ont appelé Pauvrette !

LÉONIDE.

Alors... à qui donc ? un ami... un ami... un...

PAUVRETTE.

Il s'agit de quelqu'un .. que je ne reverrai jamais sans doute, de quelqu'un que je voudrais pouvoir oublier ! Si je suis venue vers vous, c'est que j'avais perdu tout espoir, et si vous voulez me secourir, il faut être tout à fait généreuse... il faut me tendre la main sans me demander pourquoi je souffre, il faut avoir pitié de mes larmes sans me demander pourquoi je pleure !...

LÉONIDE.

Garde tes secrets ! Tu es malheureuse, as-tu dit ?... c'est tout ce que je veux savoir.

PAUVRETTE.

Oh ! merci, merci !... Dieu m'est témoin cependant que si une faute a été commise ce n'est pas moi qui suis coupable. Dieu m'est témoin que je ne suis pas indigne de votre pitié.

LÉONIDE.

Dis mon affection... la tendresse d'une sœur... voilà ce que je te dois. Et d'abord, je veux que tu quittes ces pauvres vêtements, je veux que tu sois habillée comme je le suis moi-même.

PAUVRETTE.

Moi... non, non !

LÉONIDE.

Je le veux ! On t'appelait Pauvrette, parce que tu étais seule au monde ; je ne veux plus que tu portes ce nom , car tu auras une famille désormais.

PAUVRETTE.

Une famille !

LÉONIDE.

Lorsque j'étais enfant, j'avais une petite sœur bien aimée qui se nommait Marguerite... Toi , à qui je dois la vie, tu te nommeras Marguerite, car tu es ma sœur !

PAUVRETTE.

Mon Dieu ! toute une vie nouvelle... c'est comme un beau rêve... quel avenir ! Ah ! s'il pouvait me faire oublier le passé !

LÉONIDE.

Attends !... (*Elle sonne et dit à la femme de chambre qui paraît.*) Louise, emmenez mademoiselle... ayez pour elle tous les soins, tous les égards que vous auriez pour moi-même.

PAUVRETTE.

Que dites-vous?....mais que pensera-t-on?

LÉONIDE.

On pensera que c'est ma volonté!... Ah! tu ne sais pas... j'ai failli mourir, ce qui fait que tout le monde m'obéit ici. Décidément, c'est très-bon d'être bien malade! Louise, vous donnerez une de mes robes à ma sœur Marguerite. (*Elle tend la main à Pauvrette.*) Et vous me l'amènerez après.

PAUVRETTE.

Eh quoi !... vous exigez...

LÉONIDE.

J'irais bien avec toi, mais j'attends ici mon prétendu qui va partir, et dont je veux recevoir les adieux.

PAUVRETTE.

Votre prétendu?

LÉONIDE.

Oui, tu ne sais pas? Je me marie, tu seras ma première demoiselle d'honneur. Au revoir, Pauvrette... Non, au revoir, Marguerite!

PAUVRETTE.

Au revoir... mademois...

LÉONIDE, *fâchée.*

Eh bien?

PAUVRETTE.

Au revoir, Léonide!... Tant de bonté! Dieu doit vous rendre heureuse. (*Elle sort avec la femme de chambre, par la gauche, premier plan.*)

SCÈNE VIII.

LÉONIDE, *seule, puis* LA DUCHESSE, DUCLOS, HORTENSIA *et* FERNAND.

LÉONIDE.

Non, le ciel ne me doit rien... il m'a comblée aujourd'hui de plus de joie et de bonheur que je n'en ai mérité dans toute ma vie.

LA DUCHESSE, *rentrant avec Fernand, Duclos et Hortensia.*

Allons, faites vos adieux, et partez!

LÉONIDE.

Déjà !

LA DUCHESSE.

A son retour, tu signeras à la fois ton contrat de mariage et son brevet... Tu seras madame la colonelle.

LÉONIDE.

Oh! je me passerais bien de ce titre.

HORTENSIA.

C'est comme moi. (*A part.*) Je me contenterais d'être madame la capitaine... Ah! (*Elle soupire en regardant Duclos qui hausse les épaules.*)

FERNAND.

Adieu, bonne mère!... adieu, ma cousine! Puissé-je vous retrouver tout à fait rétabli!...

LÉONIDE.

Oh! je réponds de moi maintenant. Monsieur Duclos, vous vous souvenez de ma recommandation?

DUCLOS.

Soyez tranquille, mademoiselle; tant que je serai vivant, aucun danger ne pourra l'atteindre.

LÉONIDE, *bas.*

Ah! c'est que vous l'aimez bien, n'est-ce pas, mon Fernand?

DUCLOS.

Lui?... oui, oui, oui, c'est cela, je l'aime bien.

HORTENSIA.

Adieu, capitaine... Ah! (*Au domestique.*) François, vous prendrez dans ma commode trois peaux...

DUCLOS.

Trois peaux...

HORTENSIA.

Oui, une de mouton pour envelopper vos jambes, et deux de confitures pour si vous avez faim. (*Duclos lui tourne le dos.*)

LA DUCHESSE.

Allons... venez, venez! Fernand, embrasse-la, puisque c'est ta femme. (*Léonide baisse les yeux, Fernand s'approche en hésitant, et embrasse Léonide.*)

FERNAND, *à part.*

Ma femme !

DUCLOS.

Sa femme !

LA DUCHESSE.

Et maintenant, partons. (*Ils sortent par le fond à droite.*)

SCÈNE IX.

LÉONIDE, PAUVRETTE.

(*Pauvrette, vêtue d'une robe blanche et les cheveux mis en ordre, rentre par la gauche; et le vient se placer devant Léonide.*)

PAUVRETTE.

Mademoiselle Léonide !

LÉONIDE.

Hein? (*La voyant.*) Toi!... oh! comme tu es jolie ainsi! Mais quel malheur que tu ne sois pas revenue plus tôt! tu l'aurais vu.

PAUVRETTE.

Qui?

LÉONIDE.

Mon futur. (*Allant à la fenêtre.*) La voiture est encore là... Le voilà, il va y monter... Viens, viens donc! (*Elle va à Pauvrette, la prend par la main, et la conduit vers la fenêtre.*) Je veux que tu me dises comment tu le trouves.

PAUVRETTE.

Moi! (*On entend un roulement de voiture.*)

LÉONIDE.

Ah! trop tard! Il est parti!... mais il reviendra bientôt... tu verras. Pourvu qu'il n'aille pas te trouver plus jolie que moi!

PAUVRETTE.

Oh! que dites-vous?

LÉONIDE.

C'est que tu es charmante ainsi... Mais je me ferai belle pour lutter avec vous. J'ai là toutes mes parures, je veux les essayer. Vous me donnerez votre avis.

PAUVRETTE.

Mon avis, à moi, pauvre fille des montagnes !

LÉONIDE.

Les filles des montagnes s'y connaissent comme les autres... c'est dans le sang... Je te dis bien que je te trouve charmante avec cette toilette... Eh bien, je veux que tu m'en dises autant tout à l'heure. Allons vite, aide-moi ! (*Léonide et Pauvrette placent le fauteuil devant la toilette qui est à gauche, et Léonide s'assied.*) Là, dans cette corbeille, ma couronne, mon bouquet !

PAUVRETTE, *le lui apportant, après l'avoir pris dans la corbeille de mariage.*

Votre couronne de mariée !

LÉONIDE.

Oui, laisse-moi voir comment cela t'irait. (*Elle veut la lui mettre sur le front.*)

PAUVRETTE, *s'éloignant avec douleur.*

Oh! non, non, je vous en conjure.

LÉONIDE, *étonnée.*

Mais qu'as-tu donc?

PAUVRETTE, *pleurant.*

Ah!... vous ne savez pas tout le mal que vous me faites.

LÉONIDE.

Moi! que signifie?... (*Mouvement de Pauvrette.*) Non, je t'ai promis de respecter ton silence... garde tes secrets, et pardonne-moi !

PAUVRETTE.

Que vous êtes bonne !

LÉONIDE.

Je ne veux plus que tu me dises : vous.

PAUVRETTE.

Que tu es bonne !

LÉONIDE.

Allons, achevons ma toilette! (*Elle se met la couronne.*) A présent, le bouquet!...

PAUVRETTE.

Le voici !

LÉONIDE.

Ah! les perles, les bijoux qui sont au fond de la corbeille!

PAUVRETTE.

Oui, oui... (*Elle va à la corbeille et en rapporte différents bijoux parmi lesquels est un médaillon. Le collier, les bracelets, et puis... (Regardant le portrait.) Et puis... (Jetant un cri)* Ah!...

LÉONIDE.

Qu'as-tu donc?

PAUVRETTE.

Ce... ce portrait?... c'est?

LÉONIDE.

C'est lui!

PAUVRETTE.

Qui, lui?

LÉONIDE.

Mon mari.

PAUVRETTE.

Votre mari... Fernand !

LÉONIDE.

Tiens, je ne croyais pas t'avoir dit qu'il s'appelait Fernand.

PAUVRETTE, à part.

Son mari !

LÉONIDE.

C'est un joli nom, n'est-ce pas ?

PAUVRETTE, avec contrainte.

Oui !

LÉONIDE, allant à elle.

Et comment le trouves-tu ?

PAUVRETTE.

Comment... je le...

LÉONIDE, lu, prenant le médaillon.

Oh ! d'abord c'est très-ressemblant... il est joli garçon, n'est-ce pas ?

PAUVRETTE, à part.

Mon Dieu ! prenez pitié de moi.

LÉONIDE.

L'air noble et sincère... Oh ! ce n'est pas lui qui tromperait jamais.

PAUVRETTE.

Ah ! vous croyez à sa parole... à ses serments.

LÉONIDE.

Oui, certes !

PAUVRETTE.

Vous l'aimez bien ?

LÉONIDE.

Si je l'aime !... Tiens ! je t'ai dit que j'ai failli mourir. Eh bien, c'est parce que je le croyais mort ! Crois-tu que je l'aime à présent ?

PAUVRETTE.

Et lui vous aime aussi ?.. il vous l'a dit ?

LÉONIDE.

Il m'épouse dans huit jours !

PAUVRETTE, à part.

Ah ! tout est fini pour moi !

LÉONIDE, retournant à la glace.

Eh bien !.. achève donc ma toilette.

PAUVRETTE.

Moi !... que je. (D'une voix sourde.) Votre toilette de mariée. (Allant vers elle.) A vous !... (A part.) Sa femme !... (Elle essaye en tremblant de lui attacher son bouquet, mais elle le laisse tomber et les larmes la suffoquent.) Non ! je ne peux pas ! non ! je ne peux pas. (Elle pleure.)

LÉONIDE.

Tu pleures ! que signifie ?...

PAUVRETTE.

Oh ! pardonnez-moi... mais cette couronne, ce bouquet... ces préparatifs de mariage, si vous saviez... Tenez, tout cela me rend folle !

LÉONIDE.

Folle ! et pourquoi ?

PAUVRETTE.

Vous le demandez ?... Eh bien... parce que...

LÉONIDE.

Achève !

PAUVRETTE, à part.

Elle m'a tendu la main dans mon malheur... elle a eu pitié de moi... Oh ! que je sois seule à souffrir. (Haut.) Adieu ; je ne dois pas... je ne veux pas rester ici...

LÉONIDE.

Comment ! tu veux me quitter... tu refuses de me dire ce qui cause ta douleur, tes larmes, et tu parles de partir !.. Pauvrette ! ma sœur... je t'en prie... je t'en conjure...

PAUVRETTE.

Pourquoi cette émotion à l'idée de mon départ ? suis-je autre chose qu'une pauvre étrangère que vous voyez pour la seconde fois?

LÉONIDE.

Mais la première, tu m'as sauvé la vie... et du moins me diras-tu pourquoi tu veux me quitter ?

PAUVRETTE.

Eh bien ! je vais vous le dire : je pars, il le faut... parce que la vue de votre bonheur me fait mal, à moi, qui ne puis jamais être heureuse ainsi ; parce que, comme vous, j'ai aimé quelqu'un dont je fus séparée, comme vous l'avez été vous-même ; parce que celui que vous aimez vous revient, et que celui que j'aime ne reviendra jamais à moi !

LÉONIDE.

Oh ! je te consolerai.

PAUVRETTE.

Vous !

LÉONIDE.

Tu m'as dit que tu n'étais pas coupable.

PAUVRETTE.

Coupable !... Je ne savais même pas ce que c'était qu'une faute. Le coupable, c'est lui, lui qui m'a juré de revenir, et qui m'a perdue, abandonnée pour toujours !... Oh ! vous voyez bien qu'il faut que je vous quitte... que je parte à l'instant.

LÉONIDE.

Je ne le veux pas...

PAUVRETTE, qui est arrivée à la porte du fond où paraît Maurice.

Adieu, Léonide, adieu...

SCENE X.

LES MÊMES, MAURICE.

LÉONIDE.

Non! (A Maurice.) Ah! retenez-la, Maurice !

MAURICE, arrêtant Pauvrette.

Mademoiselle. (Il la ramène auprès de Léonide en la regardant avec étonnement.)

PAUVRETTE.

Laissez-moi, monsieur, je vous en conjure... si vous avez une fille.

MAURICE.

Une fille ! (Il lui lâche la main.)

PAUVRETTE.

Ne me retenez pas...

LÉONIDE, lui prenant le bras.

C'est mon amie, ma sœur, et elle veut m'abandonner parce qu'elle est malheureuse !... m'abandonner, quand je lui dois... Eh bien, non ! cela ne sera pas !.. retenez-la seulement quelques instants ! Vous me le promettez, monsieur Maurice ?

MAURICE.

Je vous le promets.

LÉONIDE.

Moi, je vais chercher grand'mère ; nous verrons si elle ne te forcera pas de rester, quand elle saura ce que tu as fait pour moi ; nous verrons si tu pourras lui résister, à elle ! (Elle sort par la droite du premier plan.)

SCENE XI.

MAURICE, PAUVRETTE.

PAUVRETTE.

Léonide !... (Elle va à la porte de gauche et regarde encore Léonide.)

MAURICE, à lui-même.

De quoi me charge-t-on !... Après tout il y aurait de la dureté de ma part à ne pas essayer.

PAUVRETTE.

Oh ! je n'attendrai pas son retour. (Elle se dirige de nouveau vers la porte du fond.)

MAURICE.

Excusez, mademoiselle, mais... c'est comme une consigne qu'on m'a donnée là... je suis soldat... et je ne vous laisserai pas aller.

PAUVRETTE.

Monsieur, ce n'est qu'un caprice de jeune fille qui veut me retenir... moi, leur pitié me fait mal... leur pitié !

MAURICE.

C'est par pitié aussi qu'ils m'ont recueilli.

PAUVRETTE.

Vous, monsieur !

MAURICE.

Et je n'en rougis pas... c'est une famille de braves gens... Vos malheurs, à vous, ne doivent pas être de ceux dont rien ne console... Croyez-moi, restez !

PAUVRETTE.

Mais c'est aussi pour elle-même que je veux partir.

MAURICE.

Pour elle ?

PAUVRETTE.

Oui, ma présence peut lui être fatale.

MAURICE.

Est-il vrai ?

PAUVRETTE.

Vous voyez bien qu'il vaut mieux que je m'éloigne. (*Elle se dirige vers le fond.*)

UN DOMESTIQUE, *entrant.*

Monsieur Maurice, voici une lettre du village de Saint-Didier.

PAUVRETTE, *s'arrêtant à la porte.*

Saint-Didier ! (*Elle redescend la scène de quelques pas.*)

MAURICE.

Oh! donnez... donnez vite ! (*Le domestique la lui donne et sort.*) Cette lettre, c'est tout mon espoir, toute ma vie... et ne pas savoir... Ah ! mademoiselle Léonide... (*Il fait un pas vers la porte par laquelle Léonide est sortie.*) Ou bien... (*Se tournant vers Pauvrette.*) Savez-vous lire, mademoiselle?

PAUVRETTE.

Moi... oui... je le sais... maintenant.

MAURICE.

Oh ! tenez, lisez, lisez vite ! La signature?... c'est du pasteur, n'est-ce pas ?

PAUVRETTE, *lisant, tremblante et toute surprise.*

Oui... du pasteur de Saint-Didier. (*Elle se passe la main sur les yeux.*)

MAURICE.

Eh bien ?

PAUVRETTE, *lisant.*

« Monsieur... la jeune fille à laquelle vous vous intéressez... » a quitté le pays... » (*A part.*) Que signifie ?...

MAURICE.

Elle existe du moins... Continuez, continuez !

PAUVRETTE.

« On sait aujourd'hui la cause de ce départ... (*Bas.*) Séduite et...» (*A part.*) Mais... mais c'est moi...

MAURICE.

Lisez... lisez donc...

PAUVRETTE.

Oui... oui... je... (*Lisant.*) « Séduite... et abandonnée. »

MAURICE.

Grand Dieu !

PAUVRETTE.

« Elle n'a plus osé reparaître parmi ceux du village. »

MAURICE, *lui prenant la lettre, et pleurant.*

Oh ! mon Dieu! mon Dieu ! (*Il tombe assis, et se cache la figure dans ses mains.*)

PAUVRETTE, *à elle-même.*

Ils me condamnent ! ils me maudissent tous !

MAURICE, *pleurant et à lui-même.*

Hélas ! qui aurait pu la défendre contre les pièges de la séduction !... elle n'avait pas de mère !

PAUVRETTE, *qui l'a entendu, en relevant la tête.*

Non, personne ! (*Regardant Maurice avec étonnement.*) Mais pourquoi vous écrit-on cela ? Pourquoi vous intéressez-vous à elle ? Pourquoi pleurez-vous maintenant ?

MAURICE.

Pourquoi ? parce que cette enfant, flétrie, perdue, cette fille déshonorée... c'est ma fille !

PAUVRETTE, *poussant un cri.*

Ah !

MAURICE, *à lui-même, et sans la regarder.*

Hélas !... c'était le seul bien qui m'attachât encore à la vie !... Que Dieu m'appelle maintenant... je suis prêt !

PAUVRETTE, *à part, et pleurant.*

Mon père... mon père !

MAURICE.

Vous pleurez aussi ! vous me plaignez.

PAUVRETTE.

Moi... je... (*La porte s'ouvre, et Léonide, qui reparaît avec la Duchesse, détourne l'attention de Maurice.*)

SCÈNE XII.

LES MÊMES, LÉONIDE, LA DUCHESSE.

LÉONIDE.

Tiens! la voilà, bonne mère !... Eh bien ! veux-tu toujours partir ?

PAUVRETTE, *qui n'a pas cessé de regarder Maurice.*

Partir! Oh ! non, je resterai.

LÉONIDE.

A la bonne heure.

LA DUCHESSE, *à Maurice.*

Qu'avez-vous donc, Maurice?... Cette douleur empreinte sur votre visage... cette lettre... des nouvelles de votre enfant !

MAURICE.

Oui, oui... madame la duchesse.

LA DUCHESSE.

Il y a des larmes dans vos yeux !

LÉONIDE.

Maurice !

LA DUCHESSE.

Morte... peut-être !

MAURICE.

Morte !... (*Après un grand temps et avec désespoir.*) madame la duchesse, elle est morte.

PAUVRETTE, *à part.*

Oh ! je n'oserai jamais lui dire que je suis sa fille!

ACTE IV.

Le grand salon de réception chez la duchesse de Château-Gontier. — Au fond, une galerie. — Sur le devant du théâtre, à gauche, un prie-Dieu. — Meuble très-riche. — Un sofa au milieu du théâtre, etc.

SCÈNE I.

HORTENSIA, LÉONIDE.

LÉONIDE.

Qu'avez-vous donc? Vous me paraissez bien heureuse aujourd'hui, ma bonne Hortensia.

HORTENSIA.

Il y a de bonnes raisons : nous avons reçu tout à l'heure des nouvelles de Paris...

LÉONIDE, *avec joie.*

De Paris! .. Fernand? nous le reverrons?

HORTENSIA.

Demain.

LÉONIDE.

Demain ?

HORTENSIA.

Et lui z'aussi.

LÉONIDE.

Monsieur Duclos.

HORTENSIA.

Mon professeur de littérature, car je suis un élève de l'amour.

LÉONIDE.

De l'amour !... (*A part.*) Elle est folle, Hortensia.

HORTENSIA.

Figurez-vous que le capitaine Duclos...

LÉONIDE.

Achevez... le capitaine?...

HORTENSIA.

Il faut que vous le fissiez s'expliquer; mais chut!... (*Elle lui montre Pauvrette qui paraît au fond.*)

LÉONIDE, *regardant autour d'elle, puis allant à Pauvrette, et lui serrant la main.*

Ah! ma bonne Marguerite !

SCÈNE II.

LES MÊMES, PAUVRETTE.

PAUVRETTE, *à Léonide.*

Mademoiselle, madame la duchesse a une heureuse nouvelle
à vous annoncer.

LÉONIDE.

Merci, Marguerite. Je vais causer avec elle de cette heureuse
nouvelle... que je sais à l'avance, je le suppose... (*Elle sourit en
regardant Hortensia.*) Mais je veux lui laisser croire qu'elle m'en
fait la surprise. Bonne mère! (*Fausse sortie, puis elle revient à
Pauvrette.*) Marguerite, tu partageras ma joie, mon bonheur...
tu le verras enfin, lui, dont je t'ai si souvent parlé.

PAUVRETTE, *à lui-même.*

Lui!

LÉONIDE.

Je te le présenterai... demain il sera de retour.

PAUVRETTE, *toujours à part et avec effroi.*

Demain... Grand Dieu!

LÉONIDE.

Venez, Hortensia.

HORTENSIA.

Je suis à vous. (*En sortant avec elle.*) Vous apprendrez mon
secret, et lui z'aussi. (*Elles s'éloignent par le fond.*)

SCÈNE III.

PAUVRETTE, *seule.*

Demain... il sera de retour!... et c'est ici, devant elle, que je
le reverrai... et bientôt il sera son mari! Mais c'est impossible!
Impossible, pourquoi? Est-ce qu'elle n'est pas jeune, belle, riche?... et moi, malheureuse, est-ce que je ne me serais pas
déjà fait justice, est-ce que je ne serais pas partie de cette maison, si je n'y avais trouvé mon père?... Mon père?.. chaque
jour je veux tout lui avouer; mais devant lui, je m'arrête éper-
due, mourante de honte et de frayeur... C'est que j'entends
toujours ces terribles paroles. — Ma fille est morte!... Mais c'est
fini!.. puisqu'il revient, lui, Fernand, il faut tout dire à mon
père... Oui, il faut que sa pitié m'arrache de cette maison, ou
que sa colère me tue avant demain! (*Maurice entre par le fond.*)
C'est lui! Du courage!

SCÈNE IV.

PAUVRETTE, JEAN MAURICE.

PAUVRETTE, *à elle-même.*

Comme il est pâle et triste!... (*Allant à lui.*) Monsieur Maurice...

MAURICE, *levant la tête.*

Hein?... vous étiez là! Je ne vous voyais pas, mademoiselle.

PAUVRETTE.

Oui, j'étais là, heureuse de me retrouver avec vous.

MAURICE.

Heureuse!... Il y a donc du bonheur à voir couler des larmes?

PAUVRETTE.

Non, mais à consoler ceux qui souffrent.

MAURICE.

Je ne veux pas que l'on me console. (*Il se lève et marche avec
agitation.*)

PAUVRETTE.

Monsieur Maurice, pourquoi me fuyez-vous?

MAURICE.

Pourquoi vous attachez-vous sans cesse à mes pas?

PAUVRETTE.

Vous le demandez?... Mais notre situation ici n'est elle pas la
même? Ne sommes nous pas, dans cette maison, deux hôtes re-
cueillis par la pitié, et ne vous semble-t-il pas que ce soit la
main de Dieu qui nous y ait conduits... vous pour me servir de...
père... moi, pour remplacer l'enfant que vous avez perdue?

MAURICE.

La remplacer! jamais! non, non, ni vous, ni aucune autre!

PAUVRETTE.

Ah! vous l'aimez! vous l'aimez!

MAURICE, *avec force, pleurant.*

Est-ce que je peux l'aimer? Je ne l'ai jamais vue! Jamais ma
bouche n'a effleuré son visage; jamais sa voix ne m'a donné le
nom de père! Ma fille, est-ce que je peux l'aimer, mon Dieu!
je ne la connais même pas!... et je ne sais d'elle que son dés-
honneur!

PAUVRETTE.

Maurice! mon p... oh! permettez-moi de vous parler d'elle,
ne me cachez pas vos larmes, et laissez fléchir votre colère...
Vous le savez, vous le disiez l'autre jour, elle n'a pas eu de
mère pour l'aider de ses conseils, et vous n'étiez pas là pour
la soutenir, pour la défendre.

MAURICE.

C'est vrai.

PAUVRETTE.

Eh bien!... pourquoi ne pas chercher à la voir?

MAURICE.

La voir!... moi! Et qui pourra me dire où elle est allée cacher sa honte?

PAUVRETTE, *vivement.*

Voulez-vous vous mettre à sa recherche?... je vous suivrai,
moi...

MAURICE.

Vous, mademoiselle Marguerite!...

PAUVRETTE.

Oui, nous partirons ensemble; et si vous la retrouvez brisée
de désespoir, de douleur... est-ce que vous ne lui pardonneriez
pas?

MAURICE, *avec force.*

Ma fille! l'enfant de ma pauvre Catherine... oui, un jour peut
être, je lui pardonnerais.

PAUVRETTE, *avec joie.*

Un jour!...

MAURICE.

Lorsqu'elle m'aurait nommé celui qui l'a perdue et que je
l'aurais forcé, cet homme, à réparer son crime, ou bien lorsque
je l'en aurais puni, lorsque je l'aurais tué!

PAUVRETTE, *à part, poussant un cri étouffé.*

Ah!... je me tairai!... Fernand!... je te sacrifie la tendresse
de mon père!... C'est tout ce qui me restait en ce monde.

MAURICE.

Vous baissez les yeux, vous vous taisez... Ah! c'est que vous
comprenez que ma douleur est de celles dont rien ne console...
mais je ne suis pas ingrat et je vous remercie du bien que vous
avez voulu me faire... (*Il lui serre la main.*) Seulement ne me
parlez plus d'elle... Ah! je voudrais tant pouvoir oublier!...
Marguerite, ne me parlez plus d'elle. (*Il sort par le fond.*)

SCÈNE V.

PAUVRETTE, *seule.*

Impossible de le décider à partir!... Et cet aveu qu'il demande!... Ah! mieux vaut que je sois à jamais malheureuse que
de livrer Fernand à sa colère!... Mais que faire? que devenir?..
(*La nuit vient peu à peu.*) Mon Dieu! je n'ai plus d'espoir qu'en
toi. (*Elle s'approche lentement du prie-Dieu et vient s'y age-
nouiller.*) Autrefois, sur la montagne, Pauvrette, malgré sa misère, croyait être la plus protégée de tes enfants; sa prière, elle
te la disait en souriant, bien sûre que tu l'entendais toujours. A
présent, cette prière... elle est étouffée par mes larmes... elle ne
peut plus arriver jusqu'à toi... (*Elle continue bas sa prière, la
tête presque appuyée sur le prie-Dieu. Le jour a baissé de nouveau
et le salon s'est encore assombri. Fernand paraît au fond, suivi
d'un domestique.*)

FERNAND, *entrant et parlant à voix basse en regardant du fond.
Pauvrette toujours à genoux.*

La voilà!... c'est elle!... c'est Léonide...(*Au Domestique.*) Dites
à madame la duchesse que je serai bientôt auprès d'elle, il faut
que je parle à ma cousine. (*Le domestique s'éloigne; la porte se
referme.*) Elle prie!... Puisse celui qu'elle implore lui donner de
la force pour m'entendre... mais, moi, je ne veux pas mentir plus
longtemps!... je ne suis que trop coupable déjà envers l'infortunée qui m'attend là-bas.

SCÈNE VI.

PAUVRETTE, FERNAND.

FERNAND, *s'approchant du prie-Dieu devant lequel Pauvrette est
agenouillée.*

Léonide!

PAUVRETTE, *reconnaissant la voix de Fernand et levant la tête.*

Cette voix!...

FERNAND.

Chère.. Léonide!

PAUVRETTE, *poussant un cri étouffé et se cachant la figure dans
ses mains.*

Ah!

FERNAND.

Pourquoi me recevez-vous ainsi? pourquoi ce silence?... Mon Dieu! vous a-t-on dit?... Oh!... oui, vous savez tout, et vous avez raison de détourner vos regards... de me cacher votre visage...

PAUVRETTE, *bas à part.*

Que dit-il?

FERNAND.

Oui, je suis coupable, bien coupable envers vous... mais je le deviendrais mille fois davantage si j'hésitais à implorer votre clémence, votre pitié généreuse... non pour moi, mais pour une pauvre jeune fille à qui vous tendriez la main, j'en suis sûr, si vous la connaissiez...

PAUVRETTE, *à part.*

O ciel!

FERNAND.

Elle aussi, elle pleure en ce moment sans doute, et m'accuse d'un odieux oubli, de la plus lâche trahison... Léonide, vous ne voudrez pas que je me déshonore en méritant de tels reproches... vous me rendrez ma parole... vous sauverez cette infortunée... vous m'ordonnerez de faire mon devoir en retournant auprès d'elle.

PAUVRETTE, *se relevant lentement et à part.*

Ah! l'ai-je bien entendu?

FERNAND.

Vous me pardonnerez, Léonide, je vous en supplie à genoux, et je reverrai celle qui n'a pour adoucir ses douleurs ni la richesse, ni l'amour de toute une famille... celle dont le souvenir est là, toujours là... et ne s'en effacera qu'avec ma vie...

PAUVRETTE.

Ah!... Fernand! Fernand!... tu m'aimes toujours!...

FERNAND.

Pauvrette!... est-ce un rêve!... Est-ce une illusion!... Toi! oui, c'est bien toi!... ici, dans ce château... près de moi!...

PAUVRETTE.

Oui, je t'ai revu... je t'ai entendu, et j'ai oublié toutes mes souffrances... Ah! la plus affreuse était de supposer que tu ne m'aimais plus!

FERNAND.

Mais parle, explique-toi, comment se fait-il?... (*On entend à l'extérieur la voix de Léonide.*)

LÉONIDE.

Par ici! par ici! monsieur Duclos!

PAUVRETTE *et* FERNAND, *ensemble.*

Léonide!

PAUVRETTE.

Elle! ah! je l'oubliais. (*Elle veut s'éloigner.*)

FERNAND.

Arrête!.. On sait donc tout ici?

PAUVRETTE.

Rien! rien! pas un mot! pas un mot! (*Elle se sauve par la porte de droite au premier plan. Léonide a reparu dans la galerie extérieure du fond avec le capitaine. Ils entrent dans le salon; puis des domestiques apportent des candélabres allumés. Jour à la rampe.*)

SCÈNE VII.
FERNAND, LÉONIDE, DUCLOS.

LÉONIDE, *au seuil de la porte et montrant Fernand et Duclos.*
Ah! enfin, le voilà!.. Fernand! (*Elle court à lui.*)

FERNAND.

Léonide!..

LÉONIDE.

C'est mal, monsieur, c'est très-mal... ne pas venir à nous à l'instant même de notre retour! Il faut toute mon indulgence, tout mon amour, pour vous pardonner.

FERNAND, *à part.*

Son amour!

LÉONIDE.

Allons, embrassez-moi! (*Il hésite. Ses yeux se reportent vers l'endroit où Pauvrette a disparu; Léonide sourit, avance la tête jusqu'à la sienne; il l'embrasse sur le front.*) Seulement, vous aurez de la peine à obtenir votre pardon de grand'mère... et elle est d'une colère!..

FERNAND.

Mais, Léonide...

LÉONIDE.

Allez, monsieur, vous reconcilier avec elle; moi, je reste

ici... je dois avoir avec le capitaine un entretien secret et important.

DUCLOS.

Avec moi!

LÉONIDE. *à Fernand.*

Allez vite!.. Si vous tardez, elle sera inflexible... embrassez-la, et amenez-la dans ce salon, où nous devons tous nous réunir en famille pour causer très-sérieusement de ce qui nous intéresse le plus au monde, notre mariage.

FERNAND, *à lui-même.*

Notre mariage! et Pauvrette ici!.. Comment? depuis quand?.. Oh! qui donc m'expliquera...

LÉONIDE.

Eh bien?..

FERNAND.

Oui, oui, j'obéis. (*Il sort après avoir regardé avec émotion encore une fois la porte de droite.*) J'obéis!.. (*Il sort par le fond.*)

LÉONIDE, *souriant en le regardant sortir.*

Qu'est-ce qu'il a donc?

DUCLOS, *à lui-même en le regardant aussi.*

Toujours distrait et préoccupé... même auprès d'elle! (*Fernand disparaît dans la galerie du fond, les portes se referment.*)

SCÈNE VIII.
LÉONIDE, DUCLOS.

DUCLOS.

Vous avez à me parler, mademoiselle?

LÉONIDE, *à part.*

Allons, faisons la commission d'Hortensia... Mais j'ai bien de la peine à croire qu'elle ne se soit pas trompée. (*Haut.*) Monsieur Duclos...

DUCLOS.

Mademoiselle!...

LÉONIDE.

Ce que j'ai à vous demander est bien embarrassant... mais enfin... je me suis engagée... et je... (*Avec vivacité.*) Tenez, j'aime mieux vous parler franchement, pour que vous me répondiez de même... Vous me promettez de le faire, n'est-ce pas?

DUCLOS.

Je vous le promets...

LÉONIDE.

Eh bien, monsieur Duclos, est-il vrai que vous aimiez quelqu'un?

DUCLOS, *très-troublé.*

Moi!... Qu'avez-vous dit, grand Dieu, mademoiselle!

LÉONIDE.

Ce trouble, cette émotion... c'était donc vrai?

DUCLOS, *tremblant.*

Oh! croyez que jamais je n'aurais osé vous dire...

LÉONIDE.

Mais remettez-vous, capitaine... Je ne croyais pas vous troubler à ce point... ainsi, il est bien vrai..

DUCLOS, *la regardant avec amour.*

Oui, il est bien vrai que j'aime... plus que je ne puis l'exprimer... plus que vous ne pouvez jamais le concevoir... j'aime depuis des années entières, et toujours sans espérances...

LÉONIDE, *à elle-même.*

Pourquoi donc? il me semble qu'Hortensia n'est pas d'une sévérité...

DUCLOS.

Cette pensée... c'est toute ma vie, et je n'existe plus que pour celle que j'aime, pour veiller sur elle, la préserver de tout péril, éloigner d'elle, si je puis, jusqu'à l'apparence d'un chagrin... et quand je serai bien sûr qu'elle est heureuse alors... alors, mademoiselle, je la fuirai pour toujours, et je n'aurai plus qu'à mourir.

LÉONIDE.

Mourir!... (*A part.*) Oh! mais c'est impossible : ce n'est pas d'elle qu'il veut me parler. (*Haut.*) Monsieur Duclos, pardonnez-moi de vous avoir interrogé comme je l'ai fait... Vous savez si je suis inconséquente et folle... Je ne croyais pas pénétrer un semblable secret.

DUCLOS.

Oh! ne vous excusez pas, mademoiselle; moi seul, je suis coupable de n'avoir pas su cacher ce qui se passait dans mon cœur... et puisque vous savez tout, je n'ai plus le droit de conserver un gage précieux qui me venait d'elle et que je veux vous rendre...

LÉONIDE.

A moi !

DUCLOS.

Un jour, elle venait de courir un grand danger... C'était pour cueillir quelques fleurs qu'elle avait exposé cette vie si précieuse...

LÉONIDE, à part.

Que dit-il ?

DUCLOS.

Ces fleurs, qu'elle remit entre mes mains... j'osai en arracher une branche. (*Il ouvre son habit, et retire une petite branche de bruyère.*)

LÉONIDE, à part.

Mon Dieu !

LÉONIDE.

Vous le voyez... je n'ai d'elle qu'un souvenir de deuil et de mort... et ce souvenir même je n'ai plus le droit de le conserver... n'est-ce pas ? (*Elle lui fait un signe de tête tristement négatif.*) Tenez, reprenez-les ces pauvres fleurs desséchées... Oh ! reprenez les ; car les laisser entre mes mains, ce serait me dire : Espère... et celle que j'aime ne pourra jamais le dire.

LÉONIDE, avec compassion.

Non... jamais... vous le savez bien, capitaine. (*Elle tend la main et reprend la branche en baissant les yeux.*)

DUCLOS.

Hélas ! puissé-je aussi arracher de mon cœur cet amour fatal dont je m'accuse ! (*La porte du fond s'ouvre.*)

LÉONIDE.

Ah !... Fernand et la duchesse ! (*Elle va au-devant de sa grand'mère.*)

SCÈNE IX.

LES MÊMES, LA DUCHESSE, FERNAND.

LA DUCHESSE, *elle s'avance très-gaie jusque sur le devant du théâtre, pressant autour d'elle son petit fils et sa petite-fille.*

LÉONIDE.

J'espère, bonne maman, que tu ne l'as pas grondé trop fort.

LA DUCHESSE.

Sois tranquille !

FERNAND, *regardant autour de lui, à part.*

Où est-elle ? Qu'est-elle devenue ?

DUCLOS, *l'observant.*

Toujours ce trouble et cette pâleur ! Que cherchent donc ses regards inquiets ?

LA DUCHESSE.

Mon enfant, remercie ce bon Duclos ; c'est à lui que tu dois d'avoir revu ton cousin un jour plus tôt que nous de l'espérions... c'est lui qui a su remplir en si peu de temps toutes les formalités nécessaires à l'accomplissement de votre mariage.

LÉONIDE, *un peu émue.*

Lui !

DUCLOS, *tremblant.*

N'était-ce pas mon devoir, madame la duchesse ?

LA DUCHESSE.

Mes enfants, j'ai hâte de terminer cette grande affaire, et je veux...

LÉONIDE.

Oh ! (*Lui mettant la main sur la bouche.*) Un instant, bonne maman... je veux, moi, présenter quelqu'un à Fernand.

FERNAND, *troublé.*

Me... présenter... quelqu'un ?

LÉONIDE.

Attendez. (*Elle entre dans la chambre où est Pauvrette.*)

FERNAND.

C'est elle ! comment se fait-il ?

SCÈNE X.

LES MÊMES, PAUVRETTE.

LÉONIDE, *donnant la main à Pauvrette et la présentant à Fernand.*

Fernand, c'est mon amie... c'est ma sœur... (*Pauvrette, toujours l'œil fixe sans regarder Fernand, lui fait une révérence, Fernand la salue sans oser non plus la regarder. A dater de ce moment Duclos ne perd aucun des mouvements de Pauvrette et du jeune homme.*)

FERNAND, à *Pauvrette.*

Mademoiselle... (*Pauvrette chancelle et s'appuie contre un meuble pour se soutenir.*)

DUCLOS, *bas à Léonide.*

Je ne me trompe pas... cette jeune fille !... c'est la chevrière qui vous a sauvée...

LÉONIDE.

Elle-même. (*A Pauvrette.*) Qu'en dis-tu ? n'est-ce pas qu'il est très-bien ?

PAUVRETTE.

Oui... oui. (*Elle baisse toujours les yeux.*)

LÉONIDE, *bas.*

Mais regarde donc.

PAUVRETTE, à part.

Oh ! la force m'abandonne.

FERNAND, à part.

Mon Dieu, prenez pitié d'elle !

DUCLOS, *qui n'a cessé de regarder Fernand et Pauvrette.*

Comme ils sont émus tous les deux !

LA DUCHESSE.

Maintenant, laissez-moi m'occuper de votre bonheur... j'ai résolu que ce mariage, si longtemps et si impatiemment attendu par chacun de nous, serait célébré dès demain.

TOUS LES AUTRES PERSONNAGES, *chacun avec une inflexion différente.*

Demain !

LA DUCHESSE.

Dans la chapelle du château ! (*Mouvement de Pauvrette et de Fernand. La Duchesse, sans s'en apercevoir, continue en souriant.*) J'espère qu'aucune voix ici ne s'élèvera pour s'opposer à mes volontés.

LÉONIDE, *souriant.*

Vous avez raison... et d'abord ce ne sera pas la mienne.

LA DUCHESSE, *souriant à Fernand et lui prenant la main.*

Ni la vôtre, n'est-ce pas, monsieur le comte ?

FERNAND.

Ma mère !

LA DUCHESSE, *regardant la main du jeune homme.*

Et si je pouvais avoir un doute à ce sujet... voici qui me répond d'avance.

FERNAND.

Que voulez-vous dire ?

LA DUCHESSE.

Ah ! méchants enfants ! vous ne m'avez pas confié tous vos petits secrets...

LÉONIDE.

Nos secrets...

LA DUCHESSE.

Oui, oui, vous êtes engagés l'un à l'autre hors de ma présence et sans m'en avertir. Je n'en veux pas d'autre preuve que cette bague. (*Nouveau mouvement parmi tous les personnages. Pauvrette s'est levée avec terreur ; Duclos observe toujours.*)

TOUS, *répétant le mot de la Duchesse.*

Cette bague !

LA DUCHESSE.

Mes yeux ne sont pas tellement affaiblis, que je ne la reconnaisse parfaitement : c'est la tienne, Léonide.

LÉONIDE.

La mienne !

FERNAND.

La sienne !

PAUVRETTE, à part.

Qu'ai-je fait ? (*Léonide regarde fixement Pauvrette qu'elle ne quitte plus des yeux.*)

LA DUCHESSE.

Oui, l'anneau béni par le Saint-Père et que tu as rapporté, mon enfant, de notre dernier voyage en Italie.

FERNAND.

O ciel ! est-ce possible ! (*Il regarde Pauvrette.*)

DUCLOS, *bas en lui serrant la main expressivement.*

Contenez-vous donc, monsieur, contenez-vous par pitié pour Léonide !

LÉONIDE, *qui a pris la main de Fernand et regarde avec beaucoup d'émotion.*

En effet, cette bague, c'est la mienne... je l'avais donnée... (*Elle jette sur Pauvrette un regard de reproche et de colère. Pau-*

vrette, de loin, et sans être vue de la Duchesse, joint les mains vers Léonide et tombe presque à genoux. Léonide, se retournant vers la Duchesse en affectant de sourire.) Je l'avais donnée à lui, Fernand, au village de Saint-Didier, auprès de cette montagne où... *(Elle regarde encore Pauvrette et reprend :)* Où vous veniez de me dire, ma mère, que je serais sa femme... *(Duclos sourit tristement et fait signe de la tête qu'il ne croit pas Léonide.)*

LA DUCHESSE, *avec joie.*

Ah ! c'est bien, c'est bien, mes enfants. Vous preniez ainsi le ciel à témoin de la parole que vous vous donniez l'un à l'autre. Demain, le mariage s'accomplira !

LÉONIDE.

Ma mère...

LA DUCHESSE.

Demain, Léonide, nous informerons Sa Majesté du choix de mademoiselle de Château-Gontier !

LÉONIDE.

Oui, demain, ma mère. *(A part.)* Oh ! jusque-là du moins, cachons-lui toutes mes souffrances. *(Elle combat son émotion, regarde encore fixément Fernand et Pauvrette et rentre dans sa chambre, à gauche, premier plan.)*

LA DUCHESSE.

Fernand, votre bras ! *(Fernand, les yeux toujours fixés sur Pauvrette, s'éloigne lentement avec sa grand'mère, par le fond.)*

DUCLOS, *à lui-même.*

Elle a eu la force de sourire, et cependant... cette jeune fille, cette bague... Pauvre Léonide ! *(Il sort.)*

SCÈNE XI.

PAUVRETTE, *seule un instant, puis* FERNAND.

PAUVRETTE, *seule, l'œil fixé sur la porte où Léonide vient de sortir.*

Oh ! ce n'était pas assez d'avoir vu mon père s'indigner à la pensée de la honte de sa fille. Pour elle, à présent, pour Léonide, je suis une infâme, une misérable qui a menti à sa bienfaitrice, à son amie, à sa sœur !

FERNAND.

Pauvrette !

PAUVRETTE.

Fernand !

FERNAND.

Parle-moi vite... explique-moi comment il se fait que cette bague... celle de ma cousine...

PAUVRETTE.

Elle me l'avait donnée un jour, la première fois que je l'ai vue...

FERNAND.

Eh bien ! achève !

PAUVRETTE.

Ah ! quand je lui ai tendu la main, pourquoi le ciel ne m'a-t-il pas fait tomber moi-même dans cet abîme dont je venais de l'arracher.

FERNAND.

Que dis-tu ?

PAUVRETTE.

Du moins, je n'aurais pas eu à supporter aujourd'hui la douleur, le mépris de son regard, et je ne serais plus ici un obstacle au bonheur de personne.

FERNAND.

Pauvrette !... elle aussi elle te doit la vie, et je te sacrifierais ! Non, non, partons, partons ensemble !

PAUVRETTE.

Partir... avec vous !

FERNAND.

Nous ne pouvons rester ici. Léonide s'est contenue devant ma mère, mais demain, sans doute...

PAUVRETTE.

Demain... oh ! vous avez raison, je ne puis, je ne veux pas attendre la journée de demain... mais vous...

FERNAND.

Moi !... est-ce que ma vie n'est pas inséparable de la tienne ? Est-ce que tu n'as pas entendu, là, que mon amour pour toi était toujours la première de mes pensées ? Est-ce que je ne suis pas ton seul appui au monde, ton guide, ton époux ?

PAUVRETTE.

Mon époux !... ah ! ce mot a brisé mon espoir au lieu de l'affermir dans mon âme. Mon époux ! vous êtes le fiancé de Léonide.

FERNAND.

Non, Pauvrette, non, ce mariage ne se fera pas ; et dans ce moment, je n'ai qu'une pensée : fuir ces lieux où tout est pour moi un reproche et une affliction. Je t'en supplie, si tu m'aimes, partons !

PAUVRETTE.

Oh ! vos paroles me rendent folle !... Il parle de me rendre l'honneur, et malgré moi, je songe à Léonide : Qui me conseillera contre lui ou contre moi-même ?... *(La porte du fond s'ouvre et Maurice paraît. Elle jette un cri.)* Ah ! attendez, Fernand, voilà celui qui me dira ce que je dois faire, celui que le ciel m'envoie pour me dicter mon devoir.

MAURICE.

Que dit-elle !

FERNAND.

Maurice !

SCÈNE XII.

PAUVRETTE, FERNAND, MAURICE.

MAURICE.

C'est moi que vous voulez consulter, mademoiselle ?

PAUVRETTE.

Oui, c'est à vous que je veux parler, comme je parlerais à un juge, comme je parlerais à un père... Je me confierais à vous, et votre volonté sera pour moi celle de Dieu.

MAURICE.

Songez-vous que je ne suis qu'un pauvre vieillard, sans famille, sans autre asile que celui qu'il tient de la charité ? Songez-vous que mon esprit est accablé par la douleur et que je jugerais mal de la douleur et des devoirs des autres ?

PAUVRETTE.

Non, si humble et si pauvre que vous ait fait le destin, si malheureuse que vous ait fait votre fille, vous êtes pour moi le premier des juges, et quelle que soit votre sentence, elle me sera sacrée.

MAURICE, *hésitant.*

Non, gardez vos secrets, je ne veux rien savoir.

PAUVRETTE.

Mais il ne s'agit pas de moi seule, qui ne suis.... qu'une étrangère... si vous aviez à prononcer aussi sur le sort de Léonide...

MAURICE, *étonné.*

Léonide...

FERNAND.

Non, je ne veux pas !...

PAUVRETTE, *sans l'écouter.*

C'est en son nom, comme au mien, que je m'adresse à vous.

MAURICE.

Parlez donc, je vous écoute ! *(Pauvrette se met à genoux devant lui.)*

FERNAND.

Quoi ?

MAURICE.

Que faites-vous ?

PAUVRETTE.

Oh ! laissez-moi vous parler ainsi... laissez-moi me courber devant vous pour vous cacher ma honte !

MAURICE.

Votre honte !

PAUVRETTE.

Oui, celle qui se prosterne à vos genoux, celle qui n'ose porter sur vous ses regards suppliants est une fille déshonorée...

MAURICE, *sévèrement.*

Déshonorée ! *(Regardant Fernand.)* Monsieur le comte !...

PAUVRETTE, *vivement.*

Mais il n'est pas parjure... il n'abandonne pas la pauvre fille qui lui a livré sa vie. Enfin, il renonce au brillant mariage qu'on lui propose... il veut me donner son nom, il veut partir avec moi... Parlez ! dois-je accepter ? dois-je le suivre ?

MAURICE.

C'est à mon honneur, c'est à ma conscience que vous avez fait appel : ma conscience et mon honneur vont vous répondre. Jeune fille, celle qui vous a tendu les bras, qui vous a chérie comme une sœur, c'est la fiancée de l'homme que vous aimez ; celle qui vous a abritée sous son toit et dont vous avez mangé le pain, c'est la mère de l'homme que vous aimez... votre fuite avec lui, c'est la mort pour chacune d'elles. Son nom, qu'il vous donnera, lavera mal votre honte passée, car pour effacer une faute, vous aurez commis deux crimes.

PAUVRETTE.

Deux crimes !

FERNAND.

Maurice, je vous ordonne...

MAURICE.

Capitaine, ce n'est plus un soldat, c'est un vieillard qui parle. (*A Pauvrette.*) Il faut partir, Marguerite, mais il faut partir seule.

PAUVRETTE, *se relevant.*

J'obéirai... car c'est Dieu lui-même qui vient de me condamner par votre bouche.

MAURICE, *avec émotion.*

Marguerite !.. ces paroles sévères que je viens de vous adresser, mon devoir, mon honneur me les ont dictées... mais je ne suis pas sans pitié pour votre douleur, vos larmes font couler les miennes ; je voudrais pouvoir vous dire : Sois heureuse, enfant, mais je ne le puis pas, je ne le dois pas. Du courage, Marguerite, du courage.

PAUVRETTE, *lui baisant les mains.*

Oui, oui, j'en aurai.

MAURICE.

Que faites-vous ?..

PAUVRETTE.

Oh ! je serai forte maintenant ! (*Elle se dirige vers la porte de sa chambre.*)

FERNAND.

Au nom du ciel, écoute-moi.

PAUVRETTE.

Restez, Fernand... j'entre là pour la dernière fois ; je veux écrire quelques mots pour mon père.

MAURICE.

Son père !

PAUVRETTE.

Et je pars seule... et je pars pour toujours... Adieu, Fernand. (*A Maurice.*) Adieu, mon p... adieu, vous qui m'avez dicté mon devoir... Si vous pensez quelquefois à moi, souvenez-vous que je me suis soumise sans me plaindre à l'arrêt dont vous m'avez frappée. (*Elle entre dans sa chambre.*)

FERNAND, *avec agitation.*

Et moi, je ne l'accepte pas, cet arrêt odieux ! (*Il sonne.*) Non, je ne consentirai pas à l'abandonner... non... non... elle ne partira pas.

MAURICE.

Que voulez-vous faire ? (*Un domestique entre.*)

FERNAND.

Demandez à madame la duchesse si elle peut me recevoir. Dites qu'il faut que je lui parle à l'instant, à l'instant même. (*Le domestique sort.*)

MAURICE.

Calmez-vous ! réfléchissez, monsieur le comte.

FERNAND.

Non, je n'entends rien, je n'écoute rien .. La pauvre fille vient d'en appeler à vous contre moi .. eh bien ! moi contre vous j'en appellerai au cœur de la duchesse.

SCÈNE XIII.

FERNAND, MAURICE, LA DUCHESSE.

LA DUCHESSE.

Qu'y a-t-il, Fernand ? Pourquoi me fais-tu demander la permission de me voir ?

FERNAND.

Ma mère, je voulais aller me jeter à vos genoux parce que... j'ai une grâce à vous demander.

LA DUCHESSE.

Une grâce, toi !... parle vite !...

MAURICE, *bas.*

Prenez garde, monsieur, c'est un coup fatal que vous allez lui porter.

LA DUCHESSE.

Eh bien ! Fernand, n'as-tu plus confiance dans ma tendresse pour toi ?

FERNAND.

Je sais, madame la duchesse, que vous êtes la meilleure, la plus généreuse des mères ; c'est pour cela que je tremble en vous parlant.

LA DUCHESSE.

C'est donc bien terrible ce que tu as à me dire ?

FERNAND.

C'est le renversement de vos plus beaux rêves... c'est...

MAURICE.

C'est un projet insensé, et qu'il vaudrait mieux que madame la duchesse ne connût pas.

LA DUCHESSE.

Vous m'effrayez tous deux ! Fernand, tu ne songes pas à refuser... non, c'est impossible ! tu as aimé Léonide.

FERNAND.

Comme une sœur... oui, ma mère.

LA DUCHESSE.

Mon fils, cet amour suffira si vous n'en aimez aucune autre.

FERNAND.

J'en aime une autre, ma mère.

LA DUCHESSE.

Vous !

MAURICE.

Une autre qui ne peut être sa femme.

FERNAND.

Maurice !

MAURICE.

Monsieur, vous entendrez jusqu'à la fin.

LA DUCHESSE.

Monsieur le comte, vous chasserez cet amour de votre cœur, et vous serez l'époux de Léonide.

FERNAND.

Jamais, madame, jamais !

LA DUCHESSE, *s'exaltant peu à peu.*

Prenez garde ! vous recommencez aujourd'hui la lutte que m'a fait subir votre père... et je vous l'ai dit, si je fus vaincue alors, c'est que j'avais contre moi l'homme qui courbait toutes les têtes, qui brisait toutes les volontés, l'homme qui tenait dans sa main la fortune et la vie de ma famille... mais aujourd'hui, songez-y bien, j'ai pour moi la volonté de Dieu qui m'a laissée seule, vieille et faible, pour appui à la pauvre orpheline. Aujourd'hui je suis à moitié dans le tombeau, nous verrons si votre main, Fernand, osera m'y plonger tout à fait.

FERNAND.

Ma mère ! ma mère ! vous me déchirez le cœur, mais celle que j'aime a des droits sacrés aussi.

LA DUCHESSE.

Osez donc me la nommer.

FERNAND.

Vous la connaissez, ma mère ; c'est...

MAURICE.

C'est la jeune fille que vous avez recueillie par compassion sous votre toit ! c'est l'étrangère qui a mangé le pain de l'aumône que lui tendait votre main.

FERNAND.

C'est l'ange sauveur qui vous a gardé votre fille... Cette bague, ce n'est pas de Léonide que je la tiens ; cette bague, c'est le gage du lien sacré qui nous unit et qui fait de moi devant Dieu, le mari de Pauvrette !

MAURICE, *comme frappé d'un souvenir.*

Pauvrette ! Pauvrette ! avez-vous dit ? pourquoi lui donnez-vous ce nom ?

FERNAND.

Parce que c'était le sien lorsqu'elle vivait pauvre et abandonnée aux montagnes de Saint-Didier.

LA DUCHESSE.

Qu'importe son nom ! Ce que je veux...

MAURICE.

Oh ! laissez-le parler, madame !... Elle vivait dans la montagne ! elle s'appelait Pauvrette !

FERNAND.

Et c'est vers elle que nous conduisait le guide le jour où vous m'avez accompagné... (*Pauvrette sort de sa chambre et entend le dernier mot de Maurice.*)

MAURICE, *poussant un cri.*

Ah ! mon Dieu ! elle ! c'est elle ! et je la condamnais et je demandais sa honte !... Je demandais sa mort !... Pauvrette !... La voilà !... (*Il lui tend les bras.*)

SCÈNE XIV.

LES MÊMES, PAUVRETTE.

PAUVRETTE.

Et vous ne me repoussez pas !... Vos yeux me regardent avec tendresse. O mon père ! mon père !. (*Elle se jette dans ses bras.*)

FERNAND et LA DUCHESSE

Son père !

MAURICE, tombant sur le canapé ; Pauvrette est à ses genoux. La regardant avec amour.

Oui, madame, c'est ma fille. Reste sur ce cœur, pauvre enfant ! et que j'expie par mes larmes toute ma cruauté envers toi !... Ah ! tu n'es plus seule au monde : tu as un appui, un défenseur, un père !... (Il l'embrasse avec transport.)

FERNAND, tendant la main à Pauvrette.

Madame la duchesse, ne me sera-t-il pas permis à moi de lui dire : Pauvrette, tu as un époux ?

LA DUCHESSE.

Vous, comte d'Ermilly, vous son mari ! jamais !

ACTE V.

Un jardin très-élégant. Sur le devant, à gauche, une table et tout ce qu'il faut pour écrire.

SCÈNE I.

LA DUCHESSE, LÉONIDE, TROIS DOMESTIQUES.

LA DUCHESSE.

Tout est-il préparé dans la chapelle du château ?

1ᵉʳ DOMESTIQUE.

Tout est prêt, madame la duchesse.

LA DUCHESSE.

Dans une heure, monsieur le pasteur de la paroisse se présentera, vous l'introduirez à l'instant. (Le domestique s'incline.) Vous, Jérôme, n'oubliez pas l'ordre que je vous donne... Si par un contre-temps que je ne puis prévoir le mariage de monsieur le comte d'Ermilly et de mademoiselle de Château Gontier n'était pas accompli à midi, amenez des chevaux de poste... Allez. (Les deux premiers domestiques sortent.)

LÉONIDE, avec surprise.

Ma mère !

LA DUCHESSE.

Attendez, Léonide... (Au troisième domestique.) Où est monsieur le comte ?

LE DOMESTIQUE.

Sorti depuis une heure, madame.

LA DUCHESSE.

Trouvez le, et dites-lui que je veux lui parler. (Elle va s'asseoir. Léonide reste debout auprès d'elle.)

SCÈNE II.

LA DUCHESSE, LÉONIDE.

LÉONIDE.

Ma mère, pourquoi ces ordres ?

LA DUCHESSE.

N'est-ce pas ce matin que doit se célébrer son mariage ?

LÉONIDE.

Mais je sais tout, ma mère, et Fernand ne consentira pas.

LA DUCHESSE.

Peut-être... c'est parce qu'il me reste un espoir, que j'ai fait préparer la chapelle et avertir le prêtre.

LÉONIDE.

Mais mon devoir à moi n'est-il pas de refuser ?

LA DUCHESSE.

Votre devoir, Léonide, est de m'obéir ; je me rappelle, mon enfant, la tâche sacrée que m'a confiée ta mère, ma fille bien-aimée, à son lit de mort... cette tâche je saurai la remplir.

LÉONIDE.

Mais vous savez bien qu'il en aime une autre.

LA DUCHESSE.

Écoute. (Elle la fait asseoir auprès d'elle.) J'aurais voulu respecter toute la candeur de ton âme et ne briser aucune de tes illusions de jeune fille, mais les événements ont été plus forts que ma prudence maternelle. Nous autres femmes, nous devons à celui dont nous portons le nom, compte de notre vie tout entière. Ces messieurs ont le droit d'interroger notre passé et ne nous doivent que leur avenir. Ces amours passagers de leur

jeunesse ils en perdent jusqu'à la mémoire, et notre devoir à nous est d'oublier aussi.

LÉONIDE.

Mais s'il l'aime cependant. Si je cause leur malheur à tous les deux... si Pauvrette... Pauvrette à qui je dois.

LA DUCHESSE.

Oui, je sais, elle a fait pour toi ce que nous avons fait pour son père, ce que tu as fait pour elle-même lorsqu'elle s'est présentée ici mourante de faim et de misère... Mais t'a-t-elle dit alors quel prix elle prétendait imposer à ta reconnaissance ? Elle venait t'arracher cette vie qu'elle t'avait conservée autrefois.

LÉONIDE.

Ma mère !

LA DUCHESSE.

Oui, si elle s'est introduite dans ce château, où tu lui donnes et la place et le nom de ta pauvre sœur que Dieu nous a ravie, c'est pour rejoindre ici celui qu'elle aime, ton fiancé à toi, celui que tu aimais avant elle, que tu aimais tant, ma fille, que je t'ai vue près de mourir dans mes bras de désespoir de l'avoir perdu.

LÉONIDE.

Mais cet amour... si la jalousie l'avait tué dans mon âme... Tu ne voudrais pas me forcer d'épouser quelqu'un que je n'aimerais pas, et..... (Retenant ses larmes.) Je ne l'aime plus, ma mère, je ne l'aime plus.

LA DUCHESSE, se levant avec elle, et la pressant sur son cœur.

Ah ! pauvre et généreuse enfant, je réponds au ciel de toi et de Fernand, et je prendrai ta défense, fût-ce contre toi-même.

LÉONIDE.

Avez-vous songé à la honte dont nous couvrirait un refus de sa part ?

LA DUCHESSE.

J'y ai songé, mais j'espère encore que Fernand ne nous frappera pas l'une et l'autre de ce coup affreux. Il me reste une chance de toucher son cœur, une chance presque certaine... Il te reviendra, il te reviendra... je le sais d'avance, et je vous verrai heureux l'un et l'autre avant de vous quitter pour toujours.

SCÈNE III.

LES MÊMES, DUCLOS sortant du pavillon de gauche.

LA DUCHESSE.

C'est vous, Duclos, vous vous étiez chargé...

DUCLOS.

De parler à Maurice et à sa fille.

LA DUCHESSE.

Vous avez subi leurs reproches, leurs emportements ?

DUCLOS.

Non, madame la duchesse. A nos premières paroles, le vieillard a pris sa fille dans ses bras. « Naguère, lui a-t-il dit, nous » étions errants et pauvres, nous le serons encore, ma fille, » mais du moins nous serons ensemble.

LÉONIDE.

Oh ! je ne veux pas qu'ils soient dans la misère.

LA DUCHESSE, à Duclos.

Vous leur avez remis de ma part...

DUCLOS.

Ce portefeuille. (Il le lui présente.) Non, madame.

LA DUCHESSE.

Comment ?

DUCLOS.

J'ai pensé, en voyant la noble résignation de Maurice, à tout ce qu'il y aurait d'amer et de blessant pour lui dans un secours d'argent qui lui viendrait de vous ou de monsieur Fernand...

LA DUCHESSE.

Mais...

DUCLOS.

J'ai glissé dans son havresac ce qu'il faut pour les garantir du besoin... De moi, d'un soldat comme lui, il acceptera sans rougir.

LA DUCHESSE.

Mais alors, ce portefeuille est à vous, maintenant, reprenez-le.

DUCLOS.

Non, madame.

LA DUCHESSE.

Reprenez-le. Ces billets qu'il renferme et qui ont été remplacés par les vôtres pour l'emploi que je leur destinais, ne comprenez-vous donc pas qu'ils ne sont plus à moi, capitaine ? (Elle lui remet impérieusement le portefeuille dans la main.)

DUCLOS.

Je comprends que vous êtes assez bonne et assez charitable
pour les distribuer généreusement, madame, et les pauvres de
village sont habitués à vous bénir. (*Il dépose le portefeuille sur
la table qui est à droite, premier plan.*)

LÉONIDE.

Ah! monsieur Duclos, vous êtes un noble cœur.

DUCLOS.

Je voudrais vous voir heureuse, Léonide, et pour cela, je
donnerais plus qu'un peu d'argent... je donnerais ma vie!...
(*Voyant entrer Fernand et dégageant sa main que Léonide a
prise.*) Voici votre mari, mademoiselle.

LÉONIDE, *avec tristesse, baissant les yeux.*

Mon mari!

SCÈNE IV.

Les Mêmes, FERNAND.

FERNAND.

Vous m'avez fait ordonner, ma mère, de me rendre auprès
de vous.

LA DUCHESSE.

Je vous ai fait prier, monsieur le comte, de m'accorder un
dernier entretien.

FERNAND.

Un dernier entretien!

LA DUCHESSE.

Oui, monsieur le comte, veuillez nous dire ce que vous avez
irrévocablement arrêté...

FERNAND.

Ce que je veux, ma mère, c'est être toujours pour vous le plus
tendre, le plus respectueux des fils; ce que je veux, c'est que
vous, Léonide, vous m'aimiez comme un frère.

LÉONIDE, *à part.*

Comme un frère! (*Bas.*) Tu m'entends, ma mère?

FERNAND.

Voilà quelle est ma volonté, et c'est l'honneur qui me l'a
dictée.

LA DUCHESSE.

Ne parlez pas de l'honneur. Dites votre fol amour; allez,
obéissez à cette funeste passion, quittez-nous, partez... ou plutôt,
non, pourquoi partir? vous êtes ici chez vous, vous êtes seul
maître ici, monsieur le comte.

FERNAND.

Que dites-vous!

LA DUCHESSE.

Je dis ce qu'il faut enfin que vous sachiez... (*montrant les papiers placés sur une table*) ce que ces papiers vont vous apprendre.

FERNAND.

Ces papiers...

LA DUCHESSE.

Tous ces biens que nous avons partagés avec vous jusqu'à ce
jour, appartiennent à vous seul... C'est à votre mère qu'il furent
donnés en dot par Napoléon, le jour où elle épousait un de ses
officiers, et je me disais qu'à votre tour vous les apporteriez en
dot à Léonide. Vous ne l'avez pas voulu, Fernand, reprenez
donc ces titres. (*Elle lui donne des papiers.*) Allez, allez offrir à
une autre votre fortune avec votre nom. Qu'elle vienne s'asseoir
dans ce château, à notre place, qu'elle y vienne sans crainte;
car bientôt elle n'y trouvera plus de visage ennemi, et vous ne
subirez plus ni mes reproches ni mes larmes.

FERNAND.

Que dites-vous? Eh quoi! vous songez à me quitter, ma mère!
Je vous ai mal comprise!

LA DUCHESSE.

Fernand, nous consentions l'une et l'autre à tout vous devoir;
mais vous ne prétendez pas que Léonide accepte un asile et des
secours de votre femme.

FERNAND.

Ces biens! c'est moi qui vous les offre. Je n'en veux pas pour
moi, je n'en veux pas; je suis un soldat: je n'ai pas besoin de
fortune, tandis que vous, courbée par l'âge; toi, Léonide, si
jeune et si faible.. Mais que ferez-vous? que deviendrez-vous?

LÉONIDE.

O ma mère! ses larmes me déchirent.

LA DUCHESSE.

Quand j'étais en exil, j'ai travaillé sans rougir; et si mes

forces me trahissent aujourd'hui, je vivrai du travail de ma
fille. Oh! ne craignez rien, je ne lui serai pas une charge bien
longue.

SCÈNE V.

Les Mêmes, DEUXIÈME DOMESTIQUE.

LE DOMESTIQUE.

L'heure est passée, madame la duchesse, et la voiture de
voyage est prête.

DUCLOS.

Partir!... vous!... Elle, mon Dieu! (*Il donne des ordres au
domestique qui sort.*)

FERNAND.

Ma mère, ce départ serait ma honte, mon désespoir... Ce serait la malédiction du ciel. Léonide, au nom des heureux jours
de notre enfance, au nom de cette pure affection que nous avions
l'un pour l'autre, ne m'abandonne pas, Léonide, si tu pars, je
mourrai!

LÉONIDE.

Fernand!

DUCLOS, *avec force.*

Mais vous oubliez donc qu'elle se mourait pour vous!

FERNAND.

C'est vrai, malheureux! je l'oubliais!

DUCLOS, *après un temps.*

Regardez-la, monsieur le comte; où trouverez-vous plus de
jeunesse, plus de beauté... plus d'amour!

LÉONIDE, *pleurant.*

Assez, assez, Duclos... et c'est vous qui lui parlez ainsi.

LA DUCHESSE.

Duclos, quand je ne serai plus, devenez son appui... son pro-
tecteur. (*Elle va vers Fernand.*)

DUCLOS.

Moi! madame la duchesse?

LA DUCHESSE.

Oui, jusqu'au jour où quelqu'un daignera offrir sa main à
mademoiselle de Château-Gontier. Allons, ma fille, c'est un se-
cond exil qui recommence; Dieu daignera du moins l'abréger
pour moi.

FERNAND.

Non, non! vous avez brisé mon cœur et bouleversé ma raison.
Je ne sais plus ce que me veut ce cœur... je ne sais plus ce que
l'honneur me commande... Je ne sais qu'une chose, ma mère:
c'est que tu ne partiras pas; c'est que... (*à genoux.*) je t'obéirai,
entends-tu? je t'obéirai, ma mère!

LA DUCHESSE.

Mon fils! mon Fernand! tu m'es rendu.

LÉONIDE, *à part.*

Et moi, qui me rendra son amour?

DUCLOS, *bas.*

Espérez, espérez, mademoiselle.

LA DUCHESSE, *allant à la table.*

Voici le brevet en blanc que vous allez remplir, en informant
le roi du choix que tu as fait.

FERNAND.

Déjà!

LÉONIDE.

Mais cette lettre au Roi?

LA DUCHESSE.

Ce sont vos fiançailles. Vous consentez, Fernand?

FERNAND.

Je consens.

LÉONIDE.

Mais, moi, ma mère?

LA DUCHESSE.

Écrivez, ma fille, écrivez!

LÉONIDE, *assise.*

J'attends.

LA DUCHESSE, *dictant.*

« Sire, vos augustes bontés pour notre famille me pénètrent
» d'une reconnaissance qui ne finira qu'avec ma vie. Vos ordres
» sont pour moi des bienfaits, et je suis heureuse en inscrivant

» sur le brevet de colonel renfermé dans votre royale dépêche,
» le nom de celui que j'ai choisi pour époux. C'est mon cousin,
» comte Fernand d'Ermilly que j'ose recommander à la haute
» protection de Votre Majesté. »

LÉONIDE, *répétant.*

De Votre Majesté. .

LA DUCHESSE.

Signez : « Marie Léonide de Château-Gontier. »

LÉONIDE.

J'ai signé, ma mère, lisez !

LA DUCHESSE.

Remplissez le brevet. (*Léonide obéit; au même instant paraissent au fond Maurice et Pauvrette, qui a repris ses habits de paysanne. Un domestique est auprès d'eux.*)

DUCLOS.

Maurice !

FERNAND.

Pauvrette ! (*Léonide a remis la lettre à sa grand'mère.*)

LA DUCHESSE, à part.

Encore ici ! (*Elle met la lettre sous enveloppe.*) Veillez à ce que cette lettre parte à l'instant. (*Elle donne la lettre au domestique qui sort.*)

SCÈNE VI.

LA DUCHESSE, LÉONIDE, DUCLOS, FERNAND, MAURICE, PAUVRETTE.

LA DUCHESSE, à *Maurice.*

Parlez, monsieur, je puis tout entendre maintenant.

PAUVRETTE. .

Mon père, souvenez-vous de votre promesse.

MAURICE.

Je m'en souviendrai. Que madame la duchesse se rassure, nous ne venons adresser à personne ni plaintes ni reproches. Je sais toute la distance qui existe entre votre famille et la mienne, et je n'ai jamais pensé que le malheur d'une jeune fille suffit à effacer en un instant cette distance si grande de rang et de fortune.

LA DUCHESSE.

Ce langage...

MAURICE.

Ce langage ne doit pas vous surprendre, madame. Hier, sans la connaître, j'ai, moi-même, condamné mon enfant. Mon arrêt était juste, et nous le subirons ensemble, voilà tout.

LA DUCHESSE.

Quel motif vous a donc ramené ?

MAURICE.

Le motif !... c'est qu'en chassant l'enfant, qui ne s'était ni donnée ni vendue, vous n'aviez pas le droit de la flétrir d'une aumône.

LA DUCHESSE.

Cet argent ne vient pas de moi, monsieur.

MAURICE.

Oui, je sais quel subterfuge on a daigné employer pour déguiser ce bienfait ; mais, de quelque main qu'il vienne, nous le repoussons, madame. (*Il le rend à Duclos.*)

PAUVRETTE.

Cet argent, monsieur le comte, vous savez bien que c'est mal, que c'est cruel de me l'offrir... Dites à votre mère que je ne suis coupable ni de ma perte, ni du malheur que j'ai apporté dans sa maison... Et puisque je vous vois pour la dernière fois...

FERNAND.

Pauvrette !

PAUVRETTE.

Pour la dernière fois... Fernand, dites-lui ce que j'étais quand vous m'avez rencontrée, une pauvre fille des montagnes, vivant seule, loin du monde, je n'ai été éblouie ni par votre rang, ni par votre richesse... Est-ce vrai cela, Fernand ?

FERNAND.

Oui, moi seul je suis coupable.

PAUVRETTE.

Vous m'avez accusée à tort d'un bien honteux calcul, madame la duchesse, car je ne soupçonnais même pas ce que c'était que la fortune, et lorsque je lui donnais, à lui, la moitié de mon toit

pour le sauver de l'avalanche, lorsque je partageais avec lui ma provision de pain noir, c'est moi qui étais le riche, madame, et c'est lui qui était le pauvre.

LÉONIDE.

Ma mère...

LA DUCHESSE.

Ah ! pourquoi sont-ils revenus ?

PAUVRETTE.

Dans le malheur qui me frappe, je ne vois que la volonté du ciel, et je m'y soumets sans me plaindre ; mais du moins je ne veux emporter d'ici le mépris de personne... Non, Léonide, non, je n'ai pas voulu vous ravir le cœur de celui que vous avez aimé... Non, celle que vous avez serrée dans vos bras, que vous avez appelée votre sœur, ne savait pas trouver ici, et dans votre fiancé, celui qui l'avait abandonnée. Et lorsque je l'ai découvert, ce terrible secret, j'ai retrouvé près de vous mon père à qui je n'osais pas me nommer parce qu'il maudissait la honte de son enfant. Je l'ai retrouvé brisé par la souffrance et le désespoir... Est-ce que je pouvais me séparer de lui, Léonide ?

LÉONIDE.

Non ! tu ne le devais pas, tu ne le pouvais pas !

PAUVRETTE.

Oh ! vous du moins, vous ne m'avez pas condamnée.

MAURICE.

Adieu, madame la duchesse, je ne me souviendrai que de vos bontés pour moi. Viens, ma fille.

PAUVRETTE.

Monsieur le comte, il faut perdre jusqu'au souvenir de Pauvrette... il faut que ma sœur soit heureuse... Adieu, Léonide... adieu, Fernand... adieu tout ce que j'ai aimé. (*Ils vont pour sortir.*)

LÉONIDE.

Restez ! restez, vous dis-je ! Comte d'Ermilly, empêchez donc de partir votre femme.

TOUS.

Sa femme !

FERNAND.

Léonide !

LA DUCHESSE.

Que signifie ?..

LÉONIDE.

Cela signifie, ma mère, que moi aussi je suis une Château-Gontier et que je n'accepte pas plus l'aumône d'un cœur qui ne m'appartient pas, que je n'accepterais l'aumône d'une fortune.

LA DUCHESSE.

Comment ! malgré ce que vous avez écrit au roi ?

LÉONIDE.

Dites, ma mère, à cause de ce que j'ai écrit au roi. Si vous aviez daigné m'entendre, si vous aviez jeté les yeux sur la lettre vous auriez vu comment j'use du droit que me donne Sa Majesté de me choisir un époux.

LA DUCHESSE.

Mais c'est le nom de Fernand que vous avez écrit ?

LÉONIDE.

C'est le nom que j'ai tracé sur ce brevet.

LA DUCHESSE.

Ce brevet... (*Elle le lit.*) Nommons au grade de colonel le capitaine Georges Duclos.

TOUS.

Duclos !

FERNAND.

Se peut-il ?

DUCLOS.

Moi ! moi ! son mari !

LA DUCHESSE.

Mais cette lettre ! cette lettre. (*Elle met la main sur la sonnette comme pour appeler.*)

LÉONIDE.

Cette lettre est partie, ma mère, et je la récrirais encore.

LA DUCHESSE, *retombant assise.*
Oh! tout est fini, tout est perdu, et par elle! par elle...

DUCLOS.
Léonide .. mais c'est un rêve!... je ne suis pas digne d'un si grand bonheur!

LÉONIDE.
Vous m'aimez, vous, eh bien! je vous dis à mon tour... Espérez. (*Elle lui rend le bouquet de bruyère.*)

DUCLOS.
Ah! (*Il embrasse le bouquet avec transport.*)

LÉONIDE, *prenant Pauvrette par la main et la présentant à sa mère.*
Ma mère, ne te souviendras-tu pas qu'elle m'a sauvé la vie?

MAURICE, *allant à la Duchesse.*
Madame la duchesse, je comprends que ce soit un chagrin pour vous de donner votre fils à la fille de l'humble et pauvre soldat. Mais ne les séparez pas, et je vous promets de quitter la France. Je suis si peu habitué au bonheur! Les savoir heureux, ce sera assez pour moi... et je ne reverrai jamais ni mon pays ni mon enfant.

LA DUCHESSE.
Maurice!

MAURICE.
Allons, dites, quand voulez-vous que je m'éloigne?

LA DUCHESSE.
Ah! vous êtes plus noble que moi... vous resterez, Maurice... et j'aurai deux filles au lieu d'une.

PAUVRETTE, *se jetant dans ses bras.*
Ma mère! (*Tableau.*)